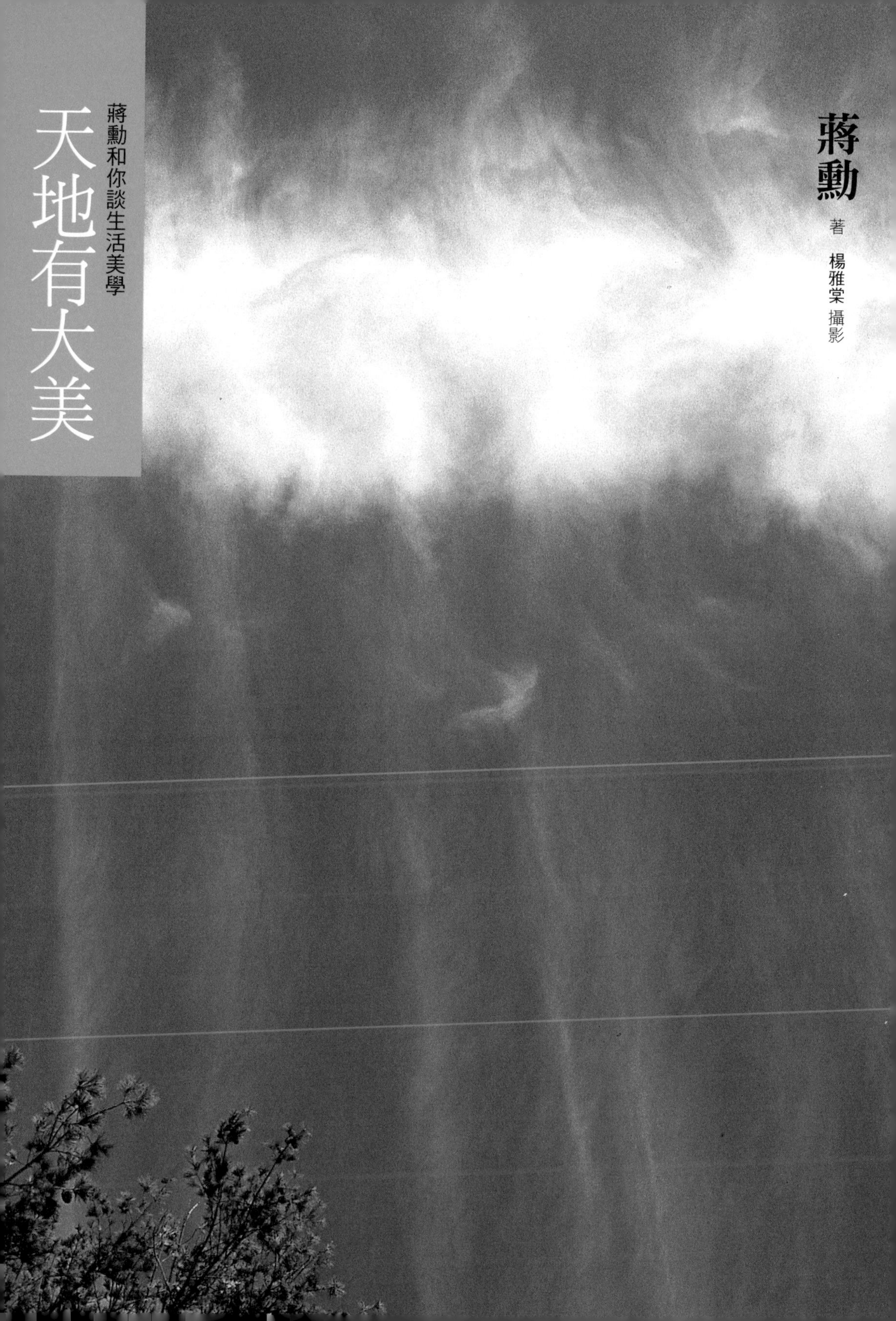

天地有大美

蔣勳和你談生活美學

蔣勳 著

楊雅棠 攝影

目錄

【參】

住之美

【肆】

行之美

序言

近幾年在IC之音主持了一個叫做「美的沉思」的節目，其中談生活美學的部分，由遠流出版公司楊豫馨整理，編輯成這一冊《天地有大美》。

「天地有大美而不言」是莊子的句子，我很喜歡，常常引用，就移來做了書名。

莊子談美，很少以藝術舉例，反而是從大自然、從一般生活中去發現美。

莊子講美學，最動人的一段是「庖丁解牛」。「庖丁」是肢解牛的屠夫，在一般人的印象中，屠宰的工作，殺豬解牛，血淋淋的，似乎一無美感可言。

可是「庖丁」認真專注，在肢解牛的動作中，使當時上層階級的文惠君震動了。文惠君如果活在今天，大概是常常跑國家劇院國家音樂廳的「藝術愛好者」吧！某一天，他或許正看完了「歌劇魅影」，或聽完了「柏林愛樂」的演奏，走回家去，正好經過庖丁正在解牛的作坊，他沒有匆匆走過，他停了一下，仔細觀察「庖丁」的動作。他訝異極了！他發現「庖丁」在肢解牛隻時，乾淨俐落，有極美好的動作，可以比美「桑林之舞」；肢解牛隻時，也有極美的聲音，可以比美「咸池之樂」。用今天的話來說，文惠君竟然在屠宰場感覺到了比國家劇院或音樂廳更美、也更動人心魂的舞蹈與音樂。

因此，每次讀完「庖丁解牛」，我都會問自己，我為什麼還要花那麼多錢到劇院或音樂廳？

如果我們不懂得在生活中感覺無所不在的美，三天兩頭跑劇院、音樂廳、畫廊，也只是鄙俗的附庸風雅吧！

「庖丁解牛」驚醒了文惠君藝術的假相，返回到生活現實，尋找真正的美。

庖丁其實是真正的藝術家，他告訴文惠君：剛開始到屠宰場，負責肢解牛的身體，他是用砍的、割的，弄得一手血淋淋，的確不美。

日復一日，經由一種專注，在工作中可以歷練出一種美。他告訴我們：牛的關節，看起來盤根錯節，其實可以理出頭緒。因為專注，他逐漸看不見整隻牛，他只專心在局部的骨節。

他說：骨節與骨節之間，有空隙，手中的刀刃，薄到沒有厚度，因此「以無厚入有間，遊刃有餘」。

「遊刃有餘」，我們今天還在用的成語，正是來自莊子的這段故事。

「遊刃有餘」是生命有了揮灑的自由，「遊刃有餘」是自己的身體感覺到了空間的自由。

「遊刃有餘」是使自己從許多牽絆與束縛中解放出來，還原到純粹的自我。

「遊刃有餘」正是美的最純粹經驗。

我們感覺不到美，做事就綁手綁腳。我們一旦感覺到美，做任何事，都可以遊刃有餘。

ＩＣ之音是為了新竹科技人設立的電台，也藉著「美的沉思」的這個節目，有機會可以和科學園區職場中的朋友認識。

我去了幾家知名的企業，瞭解了科技人職場生活的辛苦。

他們可不可能也是一種現代的「庖丁」，在科技職場血淋淋的工作中廝殺競爭？

我如果要和這些朋友談美，會不會太奢侈？

每星期一次，我懷著修行坐禪的心情，在電台的播音室講「美的沉思」，我希望自己的語言，可以如同在屠宰場工作十九年後的庖丁的聲音，可以做到遊刃有餘。

我們必定是自己先有了心靈的空間，才能有容納他人的空間；我們必定是自己先感受到了美，才能把美與眾人分享。

這一集的《天地有大美》便是多次廣播的文字記錄，裡面談到看來微不足道的「食、衣、住、行」，談到再平凡不過的生活中的點點滴滴。

但是，離開「食、衣、住、行」這些平凡又瑣碎的細節，生活也就失去了最重要的重心與中心。

美，或許不在劇院，不在音樂廳，不在畫廊；美，就在我們生活中。

中國自古說「品味」，西方也有「Taste」一字，都說明「美」還是要回到「怎麼吃」「怎麼穿」「怎麼住」「怎麼行」的基本問題。

謝謝豫馨費心整理，也謝謝雅棠來我家配了許多生活中的圖。我居住中隨意放置的小物件，經他慧眼，彷彿也都有了各自存在的意義。

蔣勳

二〇〇五年十一月十日

「美的沉思」獲金鐘獎次日

生活美學的起點

什麼是美？

美的定義是什麼？美的範圍是什麼？

我們可以從哲學的角度去談論美的定義；也可以從藝術史切入來介紹古代埃及產生了哪些優美的藝術品，或者古代中國、印度有多美好的雕像或書法作品。如果現在不是從哲學切入，也不從藝術史切入，我想可以從一個非常好的角度，就是從「生活」切入。我特別將「生活」兩個字放在美學前面，是希望美學不要太理論，不只是在大學裡的一堂課，不只是一些學者、專家拿來做研究的題目，而希望美學，最後能真實體現在我們的日常生活裡。

我常常有這樣的感覺：現在社會已經相當富有了，各式各樣藝術活動非常頻繁。七〇年代以後可以在台灣看到很多表演活動，甚至包括了國外最頂尖的團體。巴黎、紐約、或東京可以看到一些最有名的音樂家如傅尼葉（Pierre Founier）的大提琴演奏，而台灣也辦過多次裝置展覽（Installation），所以在藝術上我們好像也不見得遜色；最好的舞蹈團體像德國的碧娜鮑許（Pina Bausch），或者美國重量級的康寧漢（Merce Cunningham）都曾經來過台灣。可是我所懷疑的是，如果從生活美學的角度來談，我們會覺得台灣現在有這麼豐富的畫展、音樂會、表演等藝術活動，許多大學設有舞蹈系、音樂系、美術系、戲劇系，都是跟藝術相關的科系，但為什麼常有朋友忽然就會提出一個疑問：

「我們的生活品質為什麼沒有相對地提高？」

我想我們講這句話其實心裡蠻沉重的，我們不希望它是一種批判，因為到世界各地旅行時，我只要離開台灣大概兩、三個禮拜，就會開始想念台灣了。其實我們對這個地方有很深的情感，所以不至於會用比較惡意或不負責任的批判來看待這個地方，可是的確會很有感觸。這個感觸是說，一方面想念台灣，一方面每次從國外一些重要的都市回到台灣的時候，飛機低飛到一個程度，你看到了底下的街道、看到了底下的建築，你會開始覺得：這就是我要回到的地方嗎？

特別是建築。

台灣大學裡有不少建築系所，現在一些重要的大學也設立一些建築設計相關的科系。可是走到街道上抬頭看看建築物，我們自己居住的建築究竟是什麼樣子？相信當我們很誠實去面對這件事時，其實是蠻感傷的，我想這個感傷是源於聽到來台灣的外國朋友有時候會說：

「你們的城市真醜。」

你心裡面會有點生氣，因為覺得這句話從一個外國人的口中講出來，有點歧視或污辱的感覺。可是，我相信很多朋友私底下聚在一起時，也會說到這句話。

我想大家可以一起來建立一個夢想：我們是不是能夠把「美」放到現實生活當中來？舉個例子，如果你現在從窗口看出去，會看到什麼樣的景象？是不是很多被稱為「販厝」的四樓到五樓公寓建築，底下是騎樓，有一些商店，很多的招牌，那招牌大大小小，晚上常常會亮起各式各樣的霓虹燈。

我們還有一個最奇特的景觀，就是鐵窗。如果你不曾到世界各地去，大概無法瞭解台灣的鐵窗有多特別。我們看到大家剛搬進新公寓，就習慣性找人來裝鐵窗。鐵窗材質其實非常粗糙，大概不到一、兩年油漆就已經斑駁了，然後就開始生鏽，非常的難看。釘入的方式，就是把整個房子像監牢一樣地籠罩起來，我想不管從外面來看，或者坐在房間裡面往外眺望，都沒有景觀可言了。我要強調的是，鐵窗當然反映出一定的心理因素，就是防盜吧！簡單來講就是沒有安全感，我們覺得隨時都會有小偷闖進來，所以加上鐵窗、鐵門、兩三道的防盜鎖，甚至再加上警鈴。可是很多朋友也說，其實好像也沒有什麼防範的作用。也許現在竊盜的科技比我們住家的科技要好太多太多了，他要打開這個鎖、剪斷那扇鐵窗，都是輕而易舉的事情。可是鐵窗已經變成某一種習慣，大家一住進去就開始裝鐵窗，沒有經過反省，也沒有經過思考。

記得自己住進一間靠近河邊的簡單公寓時，我沒有裝鐵窗，所有的鄰居都來訝異地問說：

「你怎麼沒有裝鐵窗？」

好像這是一個非常奇特的現象，變成我也坐下來問我自己說：

「為什麼我沒有裝鐵窗？」

我想這是一個好問題，也許是生活美學裡開始質問自己的一個問題：

「我為什麼要裝鐵窗？有什麼幫助嗎？如果不裝鐵窗，我會不會有一些更好的心靈視野？」

給自己一個窗口

我們希望在生活美學裡，「美」不再虛無飄渺，不再只是學者專家口中的一些理論，我們希望「美」能夠踏踏實實在我們的生活裡體現出來。

西方人常常講「景觀」，就是說你的住家有沒有 View 。當坐在窗口可以眺望出去的一個空間，例如可以看到河、看到山、甚至是一條漂亮的街道，行道樹綠油油的，這些都叫做「景觀」。大家可以來檢查自己的

住家，看看從窗口望見的是什麼？

七〇年代後期我剛從歐洲回來，有個好朋友將台北南港附近一棟公寓的四樓免費讓我借住。那棟公寓取名為「翠湖新城」，聽到這名字就知道View一定很好，雖然鋁門窗做得粗糙，房間也不怎樣，可是我打開窗戶，可以看到不遠處有一個小池塘，其實稱不上湖，但水面全是布袋蓮。布袋蓮是一種浮在水面的綠色植物，夏天會開出漂亮的紫花。我很高興地住下來，寫作、讀書、聽音樂時，都可以從窗口看到這個翠湖。

接下來一段時間因為在編雜誌，我花了一點時間到南部採訪，大概不到一個月後回家時，發現回家有點困難，因為那區域正在施工。然後我爬上四樓打開窗戶，覺得好像在做夢，因為那個湖不見了——它被泥土填滿，上面已經開始在蓋大樓了。大樓很快就蓋好，變成我窗口新的View。結果朋友到我這兒來做客喝茶的時候，都會問說：

「你們家好奇怪！為什麼會叫『翠湖新城』？旁邊根本沒有湖啊！」

我不知道該怎麼回答這個問題。

這樣的故事，其實變成我心中對生活美學裡居住環境改變的一種沉痛回憶，我們的環境可以在一夕之間改變的，而且好像所有的自然都沒有辦法被好好地保護下來。所以後來我在淡水河口也是四樓的居所，設計了十二扇窗子，全部可以往外推開。我當時心裡面有點賭氣，心想：「看有誰多厲害，可以把我的河填掉！」這十幾年我住在這個河口，每天可以看到河流的漲潮退潮、黎明光線在河上的倒影，還有滿月時分月亮從大屯山主峰後面升起來，滿滿月光全部映照在河水裡。

最早朋友們來拜訪時都會指責我：

「你幹嘛住到這麼遠！找你都不方便。」

因為那時還沒有關渡大橋，得坐渡船來。可是現在他們非常喜歡過來，當他們在台北受傷的時候、覺得太過忙碌的時候、或心情煩悶了，他們覺得有一個地方可以坐下來跟我喝茶、聽一聽音樂，然後我也可以不要那麼花時間照顧他們，他們自己坐在窗口看著河喝著茶，過一會兒會說：

「我心情好了！我走了。」

大自然真的可以治療我們，可以讓我們整個繁忙的心情放輕鬆，找回自己。

我們不要忘記漢字裡有一個字是非常非常應該去反省的，就是「忙」這個字。大家寫一下「忙」，是「心」加上死亡的「亡」，如果太忙，心靈一定會死亡。

我覺得如果給自己一個窗口，其實是給自己一個悠閒的可能，有一個空間你可以眺望，你可以在那邊看著日出日落，看著潮水的上漲與退去，你會感覺到生命與大自然有許許多多的對話。我覺得生活美學的重點是，你甚至不一定要離開家，不一定每天去趕音樂會、趕畫廊的展覽、趕藝術表演。我很大膽地說一句話：

「藝術並不等於美。」

台灣富有之後，這些年來也特別重視文化工作，舉辦許多藝術的活動。例如市政府、文建會這些主管單位舉辦的藝術節，加上私人企業主導的展覽等，於是有些朋友會說：

「好忙喔！住在都市裡，我每天要趕畫展，晚上要趕音樂會。」

像藝術季常常維持一個月的時間，由於覺得應該支持藝術季，而且這些活動很多是從世界各地請來的表演團體，錯過了蠻可惜，所以每天晚上就去看表演。幾天後往往就和坐在旁邊的人熟悉起來，因為大家買的位子都差不多，見面就會打招呼。我印象很深的是大概連續一個多禮拜，我每天晚上都在劇院碰到一位朋友，他也見到我，然後有一天他坐下來以後就跟我說：

「好累喔！今天晚上又有表演。」

我忽然笑出來了。因為去看表演、聽音樂會其實是放鬆，結果我們卻變成了匆忙。如果變成了匆忙，這個藝術有沒有意義？藝術其實是要帶給我們美的感受，到最後如果藝術多到好像我們被塞滿而沒有感受了，其實是適得其反。

所以我一直希望在生活美學裡，我們要強調的美，並不只是匆忙地去趕藝術的集會，而是能夠給自己一個靜下來反省自我感受的空間。你的眼睛、你的耳朵，你的視覺、你的聽覺，可以聽到美的東西、可以看到美的東西，甚至你做一道菜可以品嚐到美的滋味，這才是生活美學。我會從這樣的基準點去重新審視「美」在現實生活面的角色。

天空線

生活美學裡包括周遭所有存在的事物，像之前提到的鐵窗與公寓建築，是與建築藝術相關的。在一個城市的發展期，我們會發現好像到處是工地，許多許多的房子匆匆忙忙地蓋起來，如同雨後春筍。外來的朋友曾批評說：

「為什麼台灣的城市這麼醜?為什麼沒有自己的風格?」

我們知道巴黎有它自己的建築風格,倫敦、紐約也發展出建築上的特徵。有一個名詞叫做「天空線」,在紐約的曼哈頓,會有人問:

「在什麼地方看紐約的『天空線』會最美?」

「哈得遜河口那幾座大樓的剪影是最美的!」

我常常用「天空線」的觀念回過頭來審視我們自己的城市,我在想應該從哪裡來觀看我們的「天空線」?好像這個城市是從來沒有被規劃過的,它的混亂狀態可以新舊雜陳,老建築與新建築之間產生這麼多的矛盾與尷尬。

這幾年大家意識到要保護古蹟,認為台灣有很多古老傳統留下來的民居、廟宇其實非常珍貴,應該予以保護。可是,我記得有一次擔任某個保護古蹟委員會的委員,當時感到最痛苦的一點是,古蹟的確被保護下來，可是古蹟周遭近到只有兩公尺的地方，就蓋起一些大樓，這廟宇被整個包圍在一片奇怪醜陋的建築當中。當時我們的感覺是：

「為什麼西方沒有這樣的問題？」

你沒有辦法想像羅浮宮四周會有奇怪的大樓出現，所以法國的朋友到台灣會問：

「怎麼你們故宮的對面，會出現這麼一棟奇怪的大樓？」

他說如果羅浮宮的周遭有這樣的建築，將是不得了的事情，全民都會起來抗爭的！我們才意識到我們不只是要保護古蹟，其實還要保護古蹟周遭空間裡，可能兩百到三百公尺之間所有「天空線」的乾淨。如果這個天空線被破壞了，這個空間被破壞了，等於是這個古蹟被淹沒掉，也被擠壓死掉了。

很多朋友應該還記得台北市有個古蹟是「北門」，大概是幾座古城門裡最漂亮的一個。在日據時代拆掉很多清朝的城牆和城門的時候，這個「北門」被當時的建築史學者認為應該要保留下來。可是有一段時間為了新城市的交通，建造了一條快速環道從「北門」旁邊擠壓而過，甚至連半公尺的距離都沒有，壓迫到了這個古蹟——你會覺得「北門」是一個年歲很老的老太太了，然而旁邊的年輕人呼嘯而過，似乎騎著重型摩托車把她震得搖搖欲墜。這個環道現在已經拆掉了，因為越來越多的人認為它讓我們難堪，讓我們覺得我們的歷史沒有被好好對待。

所以我相信生活美學的確是要回到生活的周遭。相信很多朋友的周遭都有類似的情況存在——不管在美濃、鹿港、新竹、台北——到處都有老房子，這些老房子是怎樣被對待的？如何被對待的？我們過去有沒有善待傳統美學的正確、健康的態度？我們應該知道我們怎麼對待前人，後人就會怎麼對待我們。我的意思是說，我們生活在一個城市裡，一個市鎮中，因為我們尊敬之前的歷史和傳統，以後的人才會尊敬我們留下來的東西。如果我們對所有過去人留下的東西如此草率、如此踐踏、如此糟蹋，可以想像下一代人也會把我們留下來所有的東西，隨便地糟蹋和踐踏，如此這個地方就存留不下任何美的情感。

生活的美學是一種尊重，生活的美學是對過去舊有延續下來的秩序有一種尊重。

如果這種尊重消失了，人活著再富有，也會對所擁有的東西沒有安全感。所以現在回到了一個問題點，是不是生活在台灣的朋友非常缺乏安全感？才會用一道一道的防盜鎖，一層一層的鐵窗鐵門把自己關起來。我們在害怕什麼？這種安全感的缺乏，是社會上真實存在許多竊盜、許多不安全的威脅嗎？還是說我們心理上已經對人根本不存在尊敬了，我們覺得所有的人都可能是竊盜。這種防範，使得大家的心理在一個不安全的狀態，最後生活要談美，恐怕就難上加難了！

我的意思是說，美應該是一種生命的從容，美應該是生命中的一種悠閒，美應該是生命的一種豁達。如果處在焦慮、不安全的狀況，美大概很難存在。

我在「生活美學」這樣的題目裡，跟大家談談的內容可能是：我們在吃什麼樣的食物？我們在穿什麼樣的衣服？我們所有的交通工具是如何去設計而和人產生情感關係的。我們的住，房子是怎樣被設計的？所謂的食、衣、住、行，不過是人活著最基本的一些條件而已。可是我們知道所有先進的國家，生活美學是實際在食、衣、住、行當中體會出來的。在歐洲一個傳統城市的居民，對食物的講究是有品味的；服裝的講究，價格不一定貴，可是穿出個人的風格。我們知道所有的交通工具在設計時，考慮點都是跟人的空間感有關的，所以當交通設計沒有弄好時，人在都市中就變得匆忙與擁擠。當然，更重要的還有居住的空間，所以城市的美學才會如此清楚地展現在我們面前。我們試試看把生活美學拉近到食、衣、住、行，開始實際改善這四個層次。

搬到城市邊緣

談到生活美學這樣一個課題，我還是會回到我自己的窗口。多年前在都市裡的居住受到了很大的創傷，覺得為什麼一個城市二十四小時都充滿了噪音？為什麼周遭的空間是這麼混亂？有時候你坐在窗口泡了一杯茶，希望安靜下來可以讀一本書，忽然就看到一包垃圾從上面的樓層丟出去了。我們無法理解垃圾為什麼是這樣丟的？這個街道是誰的？垃圾

可以這樣丟出去！當然這樣的現象這些年慢慢好轉了。可是十多年前這個受傷的經驗，使我搬到城市邊緣，居住在河流的旁邊，自己有了一個小小的簡陋公寓，四樓，可以看到外面的河水，我決定不要釘鐵窗，雖然所有的鄰居、朋友好意地提醒我：

「你怎麼可以不釘鐵窗？」

在台灣買房子，第一個就是釘鐵窗、鐵門，但我還是堅持找了朋友設計十二個木頭材質往外推的木窗。我在巴黎居住過，巴黎在一八五〇年代以後，曾有一位市長叫豪斯曼（Hausmann），設計出很多現在仍然留存的建築：大概是五層樓到六層樓，那時候也沒有電梯，每間房間都有一個小陽台、落地窗，落地窗外面有木頭做的百葉窗。這個木頭百葉窗其實並不完全為了防盜，基本上是為了隔離陽光，晚上睡覺的時候可以關起來。我也曾經到西班牙的馬德里和巴塞隆納，觀察到有些街上的鐵窗做得非常漂亮，幾乎變成藝術品，以粗重的鑄鐵或是銅條設計出非常美的花樣，有的是藤蔓，有的是百合花。巴黎沒有鐵窗，巴塞隆納有鐵窗，可是做成了藝術品。所以我會希望當我坐在窗口眺望河水的時候，能夠有一個不同的景觀和視野出來。

剛搬去時還沒有關渡大橋，回家還需要坐一個小小的渡船，過河大概要三分鐘到五分鐘，不定期地開船。可是我也覺得下了班以後為什麼要這麼匆忙，坐在碼頭上等渡船來的時候，我就在那邊讀書，看一看四周的河水，看一看夕陽的反光，看一看紅樹林的生長，然後渡船的人來了，我跟他聊一聊天，他說：

「今天都沒有什麼人，所以我來得比較晚。」然後跟我抱歉說：「你是不是等很久？」我說：「沒有關係！」他就划著船帶我過河，我在家前面一個小碼頭上岸返家。

我覺得其實生活的美學，好像如果你心情改變了以後，並不會覺得這樣不方便，也不認為這種不方便剝奪了自己；相反地，你反而覺得每一天最美好的時間，是下班了以後回家的這一段渡船的經驗。可是後來因為決定要蓋關渡橋讓交通更方便，渡船被取消不存在了，我反而很懷念那艘渡船。

我們的一生，從生到死，其實可以走得很快，也可以走得很慢。如果匆匆忙忙，好像從來沒有好好看過自己走過的這條路兩邊到底有什麼風景，其實是非常遺憾的。我覺得這一條路可以慢慢走得曲折一點，迂迴一點，你的感覺就不一樣了。

一個城市裡為了求快，就把所有的馬路都開得筆直。可是不要忘記，我們如果去國家公園或古代的園林裡，所有的路都是彎彎曲曲的。為什麼彎曲，因為它告訴你說，你到了這個空間不要匆忙，讓自己的步調放慢下來，可以繞走更大的圈子，因為這是你自己的生命。你越慢，得到的越多。所以在生活美學裡所體會到的意義，會和現實當中不一樣。我們在現實當中希望一直匆匆忙忙，每天打卡、上班、賺錢，都是在匆忙的狀況。可是我常常跟朋友提到說，我最喜歡中國古代建築的一個名稱，叫做「亭」。也許大家都有印象，爬山的時候忽然會有一個亭子，或者你走到溪流旁邊忽然會有一個亭子，你發現有亭子處就是讓你停下來的地方。它是一個建築空間，但也是一種提醒和暗示說：

「不要再走了！因為這邊景觀美極了。」

所以那個亭一定是可以眺望風景的地方。研究中國美術史的人都知道，宋代繪畫裡凡是畫亭子的地方，一定是景觀最好的地方，絕對不會隨便添加上去。因為這個亭子表示說：你人生到了最美的地方，應該停一停，如果不停下來就看不到美。所以生活美學的第一課應該是：懂得停一下。

我們白天上班真是夠忙了，可是下班以後時間是自己的，我們停下來吧！去聽一些自己要聽的東西，去看一些自己要看的東西，一個禮拜上五天班真的也夠忙夠辛苦，壓力極大。現在不是有周休二日嗎？那麼這周休二日可不可以停一下？停下來其實是回來做自己，問一下自己說：

「這兩天我想做什麼樣的事情？」

坐在河邊發呆也好，或者帶著孩子去看山上的一些樹葉，可能在天氣寒冷的時候變紅了；或者去聆聽下雨時雨水滴在水面上的聲音……套用蘇東坡〈赤壁賦〉的句子：

惟江上之清風，與山間之明月，耳得之而為聲，目遇之而成色，取之無禁，用之不竭，是造物者之無盡藏也，而吾與子之所共適。

意思是說，這些大自然的美，是不用一分錢買的，你甚至可以不用去畫廊，不用去博物館，不用去趕音樂會、趕表演。

你就是回到大自然，回到生活本身，發現無所不在的美。

這就是生活美學的起點。

【壹】食之美

你會在腦海裡浮現一些
好像始終忘不掉的食物和料理，
它們不只是口感上的回憶，
不只是美食當前那種口腔裡的快樂，
甚至會變成很特別的視覺記憶、嗅覺記憶，
甚至會讓你在心靈上有一些
特別的感動。

認識美的重要開始：吃

在生活的點點滴滴中，經常會發生一些漫不經心、容易忘掉的小事情。可能在你的人生當中，並不認為這些小事有多重要；若是做自我介紹通常也不會提起來。可是有時候朋友私下聚在一塊，聊起自己生命裡很多美好回憶的時候，我不知道大家有沒有印象，其中會有好多好多是跟吃東西有關的。

我好幾次發現，在和最親的朋友聚會，不是指在大庭廣眾、正經八百的畢業典禮、結婚典禮之類的談話，而是大夥兒私密地吃完飯泡一杯茶或者喝一點小酒聊天的時候，大家會天南地北談起在哪裡吃到什麼？哪裡又吃了什麼？我很驚訝的是怎麼我跟大家一樣，對一個地方的記憶常常是跟「吃」有關係的。有的朋友會覺得大庭廣眾下不太好意思談這些事，似乎不登大雅之堂。我倒覺得今天談生活美學，不需要談些大雅之堂的事情，而是聊聊生活裡點點滴滴的小事物。因為對這些小事物的重視和品味，會反映真正的生活美學出來。

比如說我會想到有些年我在中部教書，每個周末跟朋友或者學生一起開車回台北，如果沒有太嚴重的塞車，車程兩個小時到兩個半小時，所以大概在中段剛好就是新竹。也剛好大家覺得開車一個多小時以後有一點累了，要找個休息的地方。但是我們不會特別想去高速公路旁邊的交流站休息，因為交流站是蠻制式化的地方，販賣的東西或建築的空間都覺得沒有特色，也沒有什麼回憶。既然要休息，不如去做一件自己會特別想念、會有意義的事，這時開車的朋友常常會說：

「我們去新竹城隍廟！」

我想新竹城隍廟對很多朋友來說是有記憶的，那個地方不只是一個廟宇，也是著名古蹟，與傳統農業社會裡很多人的生活有關，所以他們到那個地方去拜拜，求神問卜、抽籤，這間廟宇真地扮演非常重要的角色。大家也知道傳統廟宇前面，大概都會有夜市，廟宇和夜市構成一種奇特不可分割的關係。我想不只是新竹的城隍廟，很多的廟宇都是如此。

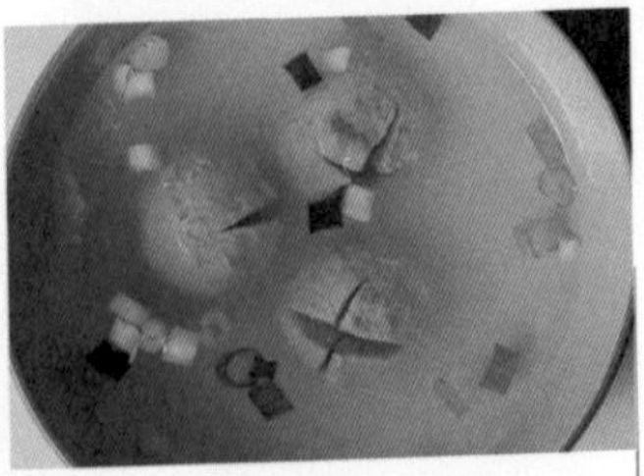

我成長於台北市大龍峒的廟宇前面，從小就知道要找最好吃的東西，大概就在廟宇的周遭，那裡變成一個生活的重心；我相信是因為那裡有傳統、有歷史，還是信仰的中心。我總覺得當心裡有信仰、有歷史感時，連吃的品味都會不一樣。

我從城隍廟廟口的吃來破題，大家也許覺得這是生活裡不起眼的小事。可是我想要談談為什麼廟口的東西特別好吃？為什麼在那裡擺攤販的商家敢指著自家的貢丸自豪地說：「我做的跟別家是不一樣的！」有時候你嫌貴，他就說：「你也可以去買別家的！因為我的貢丸是不一樣的。」很多朋友知道我週末會經過新竹城隍廟，就拜託我帶點貢丸，我問他們是不是覺得那貢丸和台北的不一樣，他們就說：「我上班很忙沒什麼感覺，可是我的孩子說『新竹的貢丸』的確比較好吃。」這答案讓我很高興，原因是那些孩子沒有多大，可是已經知道「品味」，他們懂得同樣的產品，品質卻可能大不相同。

我覺得生活美學最重要的，是體會品質。

大家注意一下，現在的現實生活當中最大的矛盾，是我們離開了農業社會，離開了手工業社會，食、衣、住、行裡很多東西是大量量產而來，工廠裡量產的東西很少會有「人的關心」在裡面，因為它太快速了。我的意思是，並不是不可能講究品質，可是在工業的初期因為重視到量，往往就忽略了質，「質量」這兩個字是矛盾的。

不知道大家有沒有印象：到國外一些最先進的工業國家去，你會發現他們賣得最貴的東西都特別強調手工製作（Hand Made）——這是我家裡做的麵包、這是我家裡做的……。「Hand Made」其實是對農業和手工業的巨大回憶，裡面反映出對生活美學的重新尋找。所以廟口的食物為什麼好吃，因為廟口還保存了傳統農業、手工業的記憶。我想從這樣的角度去談新竹城隍廟的吃，大家也許會覺得發人深省，原來它不只是一個普通的記憶而已。

我們從生活美學裡入門的提到非常有切身關係的食物——吃，可能特別是小吃，因為有時候覺得參加一些大型宴會，食物其實大同小異，感覺不到一種農業時代、手工業時代特別做出來的口感，其實這和品質有關。

我們一直說品味，談到生活美學，最重要的是品味，西方叫 Taste，我們發現「品」、「味」都是在講味覺，Taste 也是講味覺、講吃。所以我覺得「吃」真的是人類認識美的一個最重要的開始。如果吃得粗糙、吃得亂七八糟，其他的美大概也很難講究了。千萬不要認為自己去參觀畫廊、聽音樂會、看表演就已經有美了，我覺得美還是要回到生活基本面，真切講究一下自己的吃。

工業革命之後，人類第一個被糟蹋的大概就是吃。想想看，所有上班族對「吃」都很難做到所謂的講究，因為時間太匆忙了。

一九三〇年代西方重要導演卓別林拍過一部有名的電影《摩登時代》，當中對工業時代有諸多諷刺。像大工廠為了讓員工縮短吃飯的時間，以便拉長工時創造更大生產量，就設計出一種「吃飯機器」：所以你看到員工坐在那個地方，機器把麵包塞到他的嘴巴，然後湯倒進他的口中，接著還有一條毛巾撲過來把他的嘴巴擦一下。電影內容很好笑，其實是一部非常諷刺的幽默片，可是看著看著你會覺得很難過，因為曾幾何時，《摩登時代》裡面諷刺的現象，其實已經變成我們生活裡的一種狀態。所以大家可能去買一個粗製的便當，劣質油炸出來的豬排，然後匆匆的吃一吃，就算解決了。

我會覺得其實時間短並不表示品質一定會不好。例如有時候我們自己在家裡精心做一點三明治帶著，至少覺得你精心設計過自己要吃的東西，它的內容、品質真的還是不一樣。

外食的品質並不好，我常常會建議一些朋友吃些素淨的東西，自己做點簡單的沙拉或三明治帶著吃，不會花費很多的時間。

現在有個名詞叫做「垃圾食物」，醫學上認為吃進垃圾食物，對身體根本沒有任何的好處。而我是關心美的人，我會覺得它不美。

醫生告訴我說，從最近一項調查中得知，現在每四位大學生當中，就有一人有心血管疾病。這麼年輕的族群，心血管疾病是怎麼來的？

當然跟食物有關！像是食用油的重覆使用，或未注意到吃的品質。當中也讓我們看到某一種感傷吧！就是現代摩登的工業社會，人好像匆忙到連自己最切身有關的「吃」這件行為都草率了事，只是把自己「餵飽」。我很不願意用這兩個字，可是我覺得「餵飽」是一個蠻讓人傷心的人類行為，因為我們有時對動物都不會認為牠們只是被「餵飽」。相信養過寵物的朋友都知道，牠們的食物現在都可以因為主人的關照而十分講究，何況是人？所以我會覺得可以從食物上來講究，多愛自己一點，至少讓吃的品質好一些。這樣不論從身體的保養面，或是我要追求的美的形式面來說，「吃」這件事情都更容易趨近美學。

慢食的藝術

剛去歐洲的人都非常不習慣那裡緩慢的用餐速度，尤其是晚餐，因為台灣吃飯速度很快，大家都覺得應該快快了事。可是那裡的人可以餐前酒喝個老半天，講很久的話；前餐出來又介紹各種不同的製作方法，例如培根絲和別家有什麼不一樣，全都娓娓道來；然後接著跟你講沙拉，跟你談這個湯，整個湯底是怎麼樣熬出來的……如果你是個性急的人，真會吃不下那頓飯，因為有可能花掉三、四個小時。但是如果你還記得我們所說的：所有生活的美學旨在抵抗一個字——忙。我們一再重覆地說，忙就是心靈死亡，就是不要再忙了——你就開始有生活美學。

所以你可以現在開始一個禮拜至少選擇一天，和自己的家人坐下來好好吃一頓飯。不一定是到很貴的大餐廳去，也可以一塊商量：「我們這一餐怎麼安排？我們怎樣去做一頓我們喜歡的食物？」

我有時在周休二日時會在家裡做一道菜。將蒜切成很薄很薄的蒜片，加上橄欖油爆得香香的，用你的嗅覺感覺到它已經熟透了，這時放進切碎的洋蔥，把洋蔥炒到金黃色，洋蔥的香味加上蒜爆香的香味……有些朋友大概已經知道我在做什麼菜了。接著把揉碎的月桂葉放進去，又有一種不同的香味飄出來……這時我把所有燙好、剝過皮的鮮紅蕃茄切碎放進鍋裡，加水、加胡椒，我要做義大利海鮮湯。

這是我最近很喜歡做的一道菜，整個過程中我很快樂，因為我覺得自己在認識很多不同的植物：蒜、洋蔥、月桂葉、蕃茄、胡椒，每一種的味道都不一樣，混合在一起卻共同構成一種氣息。尤其是把爐火調小，開始在熬——我們用「熬」這個字，「熬」是小火慢慢去燉煮，所以這一鍋湯會釋放出最美的顏色和氣味出來，最後變成鮮紅色。

我要談的生活美學，是從這些過程去享受你的生命、去愛你的生活。

匆匆忙忙吃一頓飯的你，不會去愛你的生活；可是如果這樣去準備、去享用一頓飯，你會愛你的生活，因為你覺得你為生活花過時間、花過心血，你為它準備過。當然我們真的太忙了，不可能每一天都這樣費工，我只是建議朋友：是不是有可能一個禮拜的兩天、如周休二日那兩天，或者一天、或者一餐，坐下來跟家人好好吃一頓飯，恢復你的生活美學，從吃開始。

跟大家談生活美學，談著談著談起我自己最近喜歡做的義大利海鮮湯，好像在講食譜一樣，可是我想也許不只是在講食譜吧！

提到自己做菜的經驗，只是希望跟大家分享生活裡一些非常小、非常細碎、你不容易注意到的快樂，好比我剛剛提到把蒜片爆香的快樂、把洋蔥炒到金黃色的快樂、蕃茄被小火熬煮到釋放出非常漂亮豔紅色的快樂。還有，把月桂葉揉碎以後，產生出一種非常特別的香味。

古代希臘為詩人戴在頭上的桂冠，就是月桂葉子編成的，所以你在煮湯的時候，還會想到很多古代希臘的神話是人類多麼久遠的一個傳統。太陽神阿波羅曾經愛上一位美女叫達芙妮，但是達芙妮並不想跟阿波羅在一起，就拼命逃拼命跑，當然她跑不過太陽神，最後她的父親就把她變成一棵月桂樹。所以西方有座著名的雕刻，是俊美的阿波羅懷抱著一位很美的女子，可是那個女子的頭髮和手指已經變成月桂樹的葉子和樹枝了……當你在揉碎月桂葉放入義大利海鮮湯的時候，你會有好多文化的聯想。

接下來還會放胡椒、放料理用的白酒。白酒由葡萄釀成，它會釋放出還是果實時所擁有的陽光的亮麗、所擁有的雨水的滋潤、所擁有的那土壤肥沃的感覺。我常常在倒白酒前看一下白酒的年份，那個年份會讓我回憶起那年的葡萄，它把最美的陽光、雨水、土壤都給了我。

海鮮部分，我通常選用台灣的透抽（就是小章魚）或者一些貝類，先用滾水燙過去腥，等到要吃的時候就直接下到海鮮湯裡，最後加入九層塔。九層塔有一種特別的辛辣味道，可是太早放下去會變黑，所以等到要吃的時候才放進湯裡。

這一道我喜歡做的菜餚變成了我的快樂，變成我認識身邊的植物、氣味的各種方法。而當我跟朋友舀起這碗湯、喝下這口湯的時候，我覺得它透過我的舌頭、口腔，在唇齒之間留下了許多許多美好的記憶。這些記憶絕對不會粗糙，不會是吃過卻沒有感受、或粗魯的「吃飽」感覺，我可以去細細地品嚐。

把一樣東西做好

我經常跟朋友說，「吃到飽」絕對不合乎生活美學，應該是有品味地去吃，很精緻地去吃，不要把「吃到飽」作為食物的唯一目的。

我提過對新竹最深的記憶是城隍廟，因為那邊的米粉、那邊的貢丸，我在別的地方都吃不到。看來簡單的米粉，你會體認到其中有不同的手工處理，從質感、咬勁、QQ的感覺，你馬上會知道這是新竹最好的米粉，而且就是某一家的產品，別家都做不到。好吃的貢丸是用非常好的瘦肉朝同一個方向攪拌打出來的，所以裡面非常緊，不好吃的貢丸咬下去鬆泡泡的，沒有緊的質感，也不會看到肉丸內裡是朝一個方向在旋轉。

我們會尊敬把一碗好吃的貢丸湯端到面前的這個人，他在這個社會裡有一個被我尊敬的地位，因為他把一個東西做好了。

生活美學裡，各行各業的人都會被尊敬，因為他把米粉做好了，他把貢丸做好了，他不是一個空口說白話，講一大堆空洞理論，而最後踏實的事情都做不好的人。

所以我會覺得，我不一定尊重這個社會裡面做大官的人、有權力的人、或者有財富的人，但我尊敬每一個對他自己的專業認真的人。一個總統可以對他的專業認真，一個賣貢丸的人也可以對他的專業認真，他們在生活美學上是平等的。所以生活美學其實是呼喚我們對於人最基本的一個尊重，回來做自己，回來把自己本份的事情做好。為什麼這麼多人會懷念新竹的城隍廟，懷念那裡某一家的貢丸和米粉，是因為這些人也許把他們的一生，甚至好幾代的專業經驗，都變成食物裡的一種美感。這就是我們要特別強調的，人類文明裡一些從傳統經驗留下來的最美的品質，不應該因為工業快速的量產就全部消失了。

最近我得到一份很珍惜的禮物。有一位朋友從日本帶了一盒珍貴的麵條給我，放在漂亮的原木盒子裡。我打開來十分驚訝，因為盒裡附有一張官方發出的證件，上面有紅色的印章、負責人的名字，表示這麵條由他製作、由他負責任。產品取名為「松の雪」，松樹上的雪，就是冬天下的雪落在松枝上面，有松樹的香味，而且非常的潔白。盒內一共有三十把麵條，每一把都用紅色的紙圈住，光是視覺上就美得不得了。說明書寫明麵條需要煮幾分鐘，水開了以後再加一次冷水，然後再沸一次，不需要加入任何其他的配料，只要一點點的醋或者醬油，拌起來可就香得不得了。我覺得一個文化可以尊敬手工業到如此的程度，讓我十分感動，這也才是真正的生活美學。

天長地久的小吃

談到新竹城隍廟的貢丸、米粉，不曉得大家腦海裡會不會也想到很多很多你在世界各地小吃的記憶？可能是某一個小鎮的豬腳，你會從很遠很遠的地方跑去品嚐，因為那裡有好幾代的傳統，可以將豬腳做出別家沒有的特殊質感出來。或者是某個地方用大火爆炒的鱔魚意麵，或者是簡單到可能只加一點點調味料的那種擔仔麵：坐在小小的矮凳上，吃那樣小小一碗，完全不是為了吃飽的目的；第一次去的人都嚇一跳，這麼小碗一口就沒了，怎麼會這樣製作食物的？可是我們知道，現在擔仔麵幾乎已經變成台灣非常重要的食物品牌了，從南到北、大大小小、真真假假，有各式各樣的類似商品出來。

或者大家會記得某一個廟口的蚵仔煎特別好吃。我到那個廟口的時候，學生會特別帶我去吃「蚵仔青」。也許有些人不太瞭解蚵仔青是什麼，就是生的蚵沾著芥末吃。學生會特別跟我說，只有在這個廟口的這家蚵仔青可以吃，因為生蚵會有寄生蟲不乾淨，可是這家有特別處理的方式，所以當地好幾代都是他們的顧客，大家都很放心。

一談起來，就有這麼多關於吃的記憶，而且這些都不是「大吃」，而是「小吃」。我覺得這些小吃裡面其實存在一個信仰，就是天長地久。

什麼是天長地久？

我經營一種食品，並不是一次量產到某個程度，之後發了財賺了錢就不做了；而是我相信我的產品是被別人記憶著的，有人會從好遠好遠地方特地跑來品味一番。

台北有一間知名餐廳經常有日本觀光客大批大批光臨，特地坐下來吃蟹粉小籠、雞湯麵，甚至是蛋炒飯。店門口隊伍排得老長，即使旁邊有很多模仿的店，卻沒有人去吃，為什麼？

我相信這裡面有一種品質，其實也是我們所講的品牌。

我們注意「品質」、「品牌」，這個「品」是三個「口」構成，一個人真的是從吃開始，有了所有的講究，不要草率。就像蟹粉小籠，懂得吃的人知道一定要用調羹幫忙取用。在調羹裡加一點點的醋和醬油，一點點切得很細的嫩薑薑絲，然後一定要用筷子夾起來先咬一小口，不要咬得太大，否則裡面的熱氣就跑光了。

咬一小口，你看到一點點的熱氣冒起來，這時先把裡面的湯汁吸掉，享受那份美味，否則皮薄的蟹粉小籠一破掉，湯汁溢開就可惜了。這是品嚐這份美味的訣竅，常常去那裡吃的人都知道這些步驟。蟹粉小籠蒸煮的火候也拿捏恰當，湯汁這麼飽滿，別家做出來的火候可能不對，蒸出來乾乾的。這家蟹粉小籠的蟹粉和碎豬肉的比例也調配得剛剛好。

我們一直回到生活美學的基本面，我們要懂得怎麼去吃；可是如果吃的速度太匆忙、太快，兩籠的蟹粉小籠都還吃不飽，你急著填肚子，結果就狼吞虎嚥。

留給自己一點空間

「狼」吞「虎」嚥——狼和虎都是動物，所以變成一種動物性的吃飽，

好像填鴨一樣。美絕對不是填鴨，美是一種比較精緻的品嚐。我不否認我們在日子匆忙裡，生活匆忙裡，有的時候會隨便打發自己的吃，可是不要忘記我們一直強調的，生活美學是留給自己的一點點空間，並非很嚴苛的要求每天都要如此。

我們希望的是給自己周休二日真正的休息，也許只是一餐，可是你會找回你自己對食物的品味。因為找回了對食物的品味，第二天去上班時，你對於專業的要求也會變得不一樣。

我常常覺得懂得新竹城隍廟貢丸和米粉好處的人，就算身在科技園區裡，所做出來的專業也會不一樣。因為他不認為產品只是粗糙的量產，會做得更講究；他也會覺得自己的生命不只是一個機器，可以同時釋放出人性的品質出來。

在回憶這些吃的過程的時候，我相信很多人腦海裡有好多好多的記憶。我現在記起每次去巴黎一定會去的某個小巷子，裡面有一家餐廳的橄欖鴨特別有名，是用希臘的青橄欖塞入鴨子的肚子去烤，非常特殊的一種味道。屋內只有幾張小桌子，可是外面永遠有一大堆人在等待。或者在巴黎塞納河中間的小島上，有一家特別有名的冰淇淋店叫索貝（Sober）。店裡純用水果製作冰淇淋，完全不添加奶油，也是大排長龍。

全世界這些吃的記憶只說明了一件事情，就是人類在長久吃的文化當中，其實是把吃變成信仰、變成了傳統、變成了歷史，也希望在生活美學裡源源不絕地能夠把這些美的品質保留下來。

如果大家願意做一點功課，我覺得至少從我們居住的生活周遭去發現吃的品質，大家呼朋引伴一起來讚美這項吃的品質，而成為生活裡品鑑美的重要開始。

口中的滋味．美好的記憶

「民以食為天」是大家很熟悉的一句古話，意思是說老百姓或人民生活

裡最重要的一件事情，其實就是吃飯。過去一般老百姓碰到風不調、雨不順饑荒的年代，可能連吃飽飯都很難，所以「民以食為天」也有一種對於執政者的警惕吧！希望以老百姓的吃飽飯為念，當成最重要的一件事。

台北的故宮博物院收藏有中國上古時期一種銅器叫做「鼎」，就是大鍋子。在出土的夏代青銅器裡留有一些食物殘留的遺跡，比如說肉塊及五穀類的化石，說明「鼎」真的是拿來煮飯或者燒肉的一種鍋子。

「鼎」後來慢慢變成君王權力的象徵，在皇帝朝堂上放置了九座鼎，所謂「一言九鼎」，表示執政者的一句話就像九座鼎，代表一種不可動搖的力量。這意思當然也是一種警告：執政者是不能隨便亂說話的，一句話就是一言九鼎。

「鼎」也代表了老百姓「民以食為天」的意義，身為一個執政者，你最大的責任在使老百姓能夠吃飽飯、能夠安居樂業、能夠有事情做。在漢民族、在亞洲地區，對於政權和吃飯、政權和食物之間的關係會特別強調，西方倒比較不會有這麼明顯的連接。所以漢民族這一句「民以食為天」的古話，可能到今天對亞洲很多地區的執政者來說，都還是有意義的格言吧！

在早期如史前時代的發展過程中，人們多從事遊牧或狩獵，大部分食物是從動物取得，例如牛肉、羊肉；漁獵人口還可取到魚肉。不過一般來講，若是深處內陸或河流稀少區域的話，想要吃到魚肉並非易事。

我自己有過一個經驗。有次和朋友到蒙古國去，就是一般人俗稱的外蒙古，從烏蘭巴托走大草原到戈壁這一區域。他們的羊肉非常鮮美，剛開始可能我們來自南方較少吃羊肉，所以覺得羊肉也蠻好吃。可是十四天下來，我覺得自己很想變成一頭羊，可以趴到草原去吃草——因為每天的食物完全沒有植物類，一大早起來的早餐就是一大塊羊肉，午晚餐也一樣，到最後覺得全身都是羊的味道，然後才感覺到自己在食物的習慣裡，有一種對植物的想念。

植物指的是青菜或者豆類，就是你會感覺到植物放在口中咀嚼的快樂。

所以我當時真的做了一件傻事，就是去拔了一些青草放在嘴巴裡去咬、去嚼。我由此想到，其實大家常常講的「山珍海味」，「山珍」指的大概就是所有動物的肉類，比如羌、果子狸，有些人專門愛吃一些奇怪的山產；所謂的「海味」，就是龍蝦、鮑魚這種海裡的東西。我們發現山珍海味就是所謂的葷菜，不包含五穀或者植物類的食物。

不知道大家有沒有感覺到，以我自己的成長背景來說，我覺得這些年大家對食物的感受性改變很多。

我的童年到青少年應該是在台灣五〇、六〇年代，當時經濟條件還不好，大部分家庭都有自己的副業。所謂副業，就是種菜、養雞、養鴨或者是養鵝，當然也有養豬的。我記得每一家的門口，都會有一個甕放置ㄆㄨㄣ，閩南語的「ㄆㄨㄣ」就是餿水，類似現在的廚餘，把剩菜剩飯集在一起當做豬雞鴨的飼料。我記得那時家裡中飯、晚飯吃的大部分都是菜類，早上是稀飯配點豆腐乳、醬瓜、花生米，甚至有時候連這些小菜都沒有。我印象很深的是有時稀飯會拌上豬油和醬油，或者白砂糖，就已經覺得很滿足了。現在碰到同年齡的朋友，大家談起來當年早上的一碗熱稀飯，裡面還調上豬油和醬油，就覺得好像是人間美味了。

水田邊的空心菜

我們對食物的記憶非常奇特，你會發現一般人所講的山珍海味，未必是自己一生最重要食物的記憶。

有時我會懷念起童年時候家裡院子裡母親種的空心菜，就在水田旁邊一小塊地。空心菜很容易生長，把它的根壓進土裡，沒有多久就生出了葉子。現摘水嫩水嫩的空心菜，母親有一種特別烹調的方法，就是用大蒜來炒菜葉，用醋溜來做菜莖——加醋、加一點辣椒來做醋溜，咬在口中時感覺到那空心菜鮮嫩鮮嫩、飽含水份的滋味，其實是我到現在對食物最大的懷念。

雖然現在到處吃得到空心菜，可是吃不出那種剛剛摘下來空心菜的鮮味。所以不見得山珍海味、最貴的魚翅、鮑魚、龍蝦，就一定最美味；

相反地，有時候你懷念的，卻是一碟小小的青菜。

在蒙古旅行的時候，我吃了很多很多的羊肉。

這一生吃過最懷念的羊肉，是在戈壁沙漠的一個山谷裡。蒙古朋友騎快馬去追羊群，然後抓取跑得最快的那一隻，我想大概真是血脈賁張的狀況裡他們活活地宰殺了這頭羊，放血後用炭烤。其實說炭烤不太準確，應該說用石頭燒肉。那兒有一種特殊的石頭，不論夏天高溫到四十幾度或冬天零下四十幾度都不會崩裂。朋友用火去燒石頭，到保溫的程度後丟進一個大的金屬桶裡面，羊肉剁成塊也丟進去，還隨便在山裡面抓了一些看起來像野草一樣的配料也丟進去，羊肉就在桶裡燙熟了。

我從來沒有吃過這麼好吃的羊肉，那種鮮嫩的滋味，到現在回想起來都非常動人。

可是再好吃的東西如果每天吃、每天吃，最後大概會變成蠻可怕的記憶。

蒙古的經驗讓我第一次體會到：再好吃的東西都應該要有調配性。

我想我們會發現美學是一種和諧。

在生活美學裡，美是你學會了互相調配。人也是一樣。我們看到生命的經驗裡有這麼多不同的狀況，而這些不同的狀況，就像合唱團裡的高音、中音、低音三部合唱，相異的曲調最後形成所謂的和諧。和諧一定是很多不同的聲音共同達到的狀況，我想味覺也是。所以我雖然很感謝蒙古朋友們帶給我吃羊肉的美好經驗，可是因為十四天來幾乎每一餐都在吃羊肉，到最後變成對我來說一個蠻奇怪的經驗，於是我就開始懷念台灣一碟很簡單的青菜了。

等到蒙古的朋友到台灣來的時候，我就覺得應該要回報他們，帶他們到東部海邊去看台灣最好的風景，去吃台灣最好的食物。我想台灣是一個海島，最好的食物其實是海鮮，所以點選九孔、小龍蝦、魚類各種好吃的菜，卻發現這些蒙古朋友從頭到尾非常禮貌地一直合十敬禮，可是就是不動筷子。到最後我覺得他們好像並沒有美食當前的反應而詢問時，他們才很誠實地指著螃蟹、蝦子說：

「我們叫這些東西『蟲』，你們怎麼會一桌子都是蟲？」

我第一次感受到不同的族群對食物的反應也是這麼的不一樣，可以當作生活美學中非常有趣的一個討論，因為我們發現，美常常是從自己主觀的角度去看事物，我們無法理解另外一個族群的美感。就像我可能沒辦法理解蒙古朋友每天吃羊肉的快樂，他們大概無法瞭解我每天吃海鮮的快樂。

有一天我在人類學書籍中讀到，最靠北極圈愛斯基摩一個種族會吃一種很奇特的食物：在冰天雪地裡肉類腐爛以後上面生長出來的蛆，他們叫做「肉芽」，是拿來招待朋友最珍貴的食物。這地方我還沒有去過，所以不知道如果去的時候，主人拿一盤蛆招待我時我該怎麼面對？可是我倒要提醒大家，生活美學裡每一種美都有自己的生態和背景，有時人們更換環境後，會對不瞭解的事情大驚小怪，可是真的見多識廣以後就會見怪不怪了，我們應當尊重每一個族群自己發展出來的生活美學。

培養寬闊心胸

蘭嶼的達悟族男性慣穿丁字褲，可能有一段時間大家會覺得這服裝蠻奇特的，可是當我在蘭嶼住了一段時間以後，我感覺到在那樣的陽光、那樣的氣溫、那樣的海洋裡，他們每一天要在海洋裡勞動的狀況裡，你發現丁字褲是他們最好、最適當的服裝。因為穿一條長褲根本不能工作，完全就被打濕了。所以對那些每天在海裡工作捕魚的人，丁字褲就是最好最合適的服裝。

這些部分都提醒了我們，應該在生活美學裡開始培養一個寬闊的心胸！

美沒有任何絕對好或不好的問題，它是相對的，你必須瞭解到這個文化的背景之後，就會開始尊重這個族群的生活方式。所以我覺得生活美學很重要的態度，其實是一種尊重的態度。

很多朋友到過阿拉伯地區，碰過熱情洋溢的阿拉伯朋友。在那兒招待最高貴客人的方式是請你品嚐煮熟的羊眼睛。可是很多朋友面對好像正瞪著你瞧的羊眼睛時，簡直不知道該怎麼辦，下不了那個刀，可是我想其實這就是生活的一種學習。所以我很希望在我們談到食物的部分，提到很多不同族群之間食物的一些特徵時，大家如果有機會接觸到時不妨嚐試一下。

我們不要忘記「嚐試」的「嚐」，就是品嚐的「嚐」，所以人生的滋味、生命的滋味是可以去品嚐的，如果你沒有偏見，多一點好奇，對各種食物都有一種品嚐之心，那麼你口腔裡的滋味是非常非常豐富的，也會留下人生非常美好的記憶。

酸甜苦辣的豐美人生

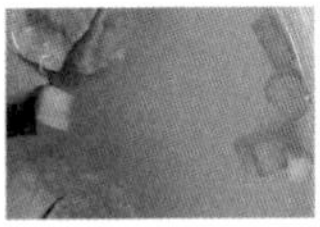

提到不同族群的不同食物，我們談到了蒙古的羊肉、愛斯基摩人的蛆、台灣的海鮮，都是從不同的生態發展出來一種對食物的特殊認知或看法。當然，食物裡還有一部分和文化是相關的，因為在漫長的歷史發展過程當中，形成了自己的一種料理風格。

譬如說，日本料理非常明顯地跟很多國家都不一樣。今天在台灣很容易有機會吃到日本料理，而在紐約、羅馬、巴黎這些大城市，日本料理已經變成一種食物的風格。例如生魚片，就是日本這種靠近海洋以魚為主要食物的民族，才能夠吃出其中的精彩。我想生魚片絕對不是一般人所瞭解的這麼簡單，只是把魚皮剝了、切開，然後一片一片沾著芥末吃就好了。熟知日本料理、懂得吃生魚片的朋友，常常會邀請我到一家不錯的日本料理店，坐在吧台上用餐。也許你覺得奇怪，為何不坐在一般客人的位置？因為我們坐在吧台上，料理的師傅方便和客人對話，通常吧台上的位子沒有幾個，一定是常客。師傅會告訴你今天有什麼魚，哪個部位最好吃……我們知道像鮪魚不同的部位有不同的口感，師傅會指點你其實魚腹的某一塊肉最好吃，那個部位的肉質感，柔軟度、口感可以如何去感覺。你在其中會發現這是與食物相關的文化，是從非常長久的料理經驗裡總結出來的文化。

我的意思是說，談到跟生活有關的食物美學，有一部分是指不同地區有相異的食物材料。可是還有一點更為重要，就是「材料」在文化的漫長歷史當中，最後如何被「料理」出來。

用「料理」這個詞，意思是需要人工去處理。我覺得日本的料理最接近自然，像處理魚類的分工，魚身哪一個部位應該怎麼料理都很講究，所以我們常常會覺得吃到最好的握壽司時，能享受到精緻的口味，飯團跟上面一點點魚肉之間的搭配，還有芥末份量的多寡，都是仔細考究過後的呈現。我們也知道，如果在一般超級市場買一種像牙膏般包裝的芥末，大概品質不是很好。最好的芥末是用山葵的根現磨出來，店家會提供一把小銼刀讓顧客自己磨泥，然後加一點點醬油就好，因為太多的醬油會干擾到魚的鮮味。很多人拿握壽司沾醬油時是用飯團部分去沾點醬油，其實這是錯誤的，正確的方式是以魚片沾食，如此握壽司入口時的口感才正確。

談到這些細節我所要強調的是，在食物美學裡的「料理」，「料」是材料，「理」是一個處理的方式。如果材料不好，當然食物不會好；可是如果材料很好，卻不會處理，結果一樣不好，所以在過程中必須有很多人工步驟。

在吃日本料理時，你坐在吧台邊，師傅絕對不會一次送上一大堆生魚

片，他是一份一份地給，而且會解釋說先要吃哪種魚、第二吃哪種魚、第三吃哪種魚，因為口味是有一個過程的，師傅不會把次序弄亂。我因此而覺得日本料理裡有非常多值得學習的部分，所以很喜歡跟幾個講究的朋友去吃日本料理。另外像泡在醋裡切得很薄很薄的紫薑，透出淡淡的粉紅色和紫色。通常吃完一片生魚片，可以用這薑去清洗口腔裡的味覺，再吃下一片生魚片，讓不同生魚片的味覺不會互相干擾。

狼吞虎嚥

我們注意一下，大吃大嚼的人速度太快，他的味覺其實十分混亂，所以給他再好的食物都沒有用。有時候在一個宴席當中，你會看到大家在狼吞虎嚥的狀況，我們說狼「吞」虎「嚥」，「吞」跟「嚥」都沒有咀嚼的過程，所以缺乏了品嚐食物本身的一個美感。

希望大家可以慢慢把生活步調放慢下來。我們一再強調，並不是大家在今天這麼繁忙的工商業社會裡每一餐都要這樣吃，而是不要忘記你有周休二日，你可以有一餐和你的家人去瞭解比較精緻的食物，找回你味覺

的可能。我特別強調的是：找回你味覺的可能。因為當你的味覺越來越麻木之後，其他的感官可能也會流失，於是在創造力、競爭力等方面會缺乏超越別人的可能性，因為味覺是人類認識世界重要的窗口之一。

早期的神農氏遍嚐百草，就是用味覺嚐出各種感覺的，所以狩獵時代過了以後人類進入農業時代，大部分的亞洲地區，尤其是漢民族便以農立國。以農立國，食物裡最重要的就是五穀雜糧。

五穀雜糧就是米、麥等，如南方吃的稻米，北方吃的麵條、麵包、饅頭，或者是高粱、小米這類主食。不知道大家有沒有發現，大概從我們的童年到現在，台灣米飯的消耗量大大地減少了。以前在發育年齡時，可能一點點的菜要配上三、四碗飯；而現在大部分人其實常常吃菜不吃飯。這其實有點遺憾，因為五穀有五穀的香味可以品嚐。如果是一碗品質非常好的米飯，每一粒米像珍珠一樣，粒粒晶瑩。在日本對米飯有特別烹調的方法，米特別精選過，上面灑一點點的芝麻，我常會覺得這樣的米飯不用配任何菜，本身就夠香的了。

在台灣過新年春節前後大家大吃大喝的時候，你會很奇怪忽然想喝一碗清粥，很想吃一碟小菜、青菜，因為油膩之後，忽然嚮往素淨。用這樣的觀點去看食物，食物就不只滿足肉體而已，恐怕也有心靈的滿足在裡面。同時在食物美學裡，這也是一種「平衡」。可能在談到衣、住、行時，我也會採用這樣的觀點切入。

基本上，我們發現人世間的美是一種平衡，也是一種和諧。

世界上沒有絕對的好或絕對的壞，總是在平衡當中有一種搭配。平衡部分多了以後，你會發覺生命是非常豐富的，所以我們一再希望大家能夠在味覺上去品嚐一些不同的滋味。

我們對味覺的感受，其實也會隨著不同年齡、不同成長環境等而可能有所變遷。

有些地方的人特別喜歡吃甜食，在去過的地方中，我覺得最愛吃甜食的是美國。不知道是不是因為她是一個年輕的國家、年輕的民族，好像沒有憂傷、沒有太多滄桑，他們不太喜歡吃苦的東西，巧克力特別甜，冰淇淋特別甜，甜點蛋糕，常常甜膩到有點無法入口。所以很有趣的，從夏威夷一路到紐約，你會發現：「奇怪！美國這個國家的人體型特別大！」這可能跟吸收太多糖份有很大的關係。當然，吃甜真的是一種快樂，譬如說巧克力糖，就會使人心靈上快樂起來。它就是很Sweet，讓你有一種幸福感、甜蜜感。

中學女生的酸蜜餞

可是很奇怪長到青少年的時候，可能開始想戀愛了，有一點失落憂傷情緒時，好像就不是那麼懷念甜的味覺，可能開始覺得「酸」也蠻有味道的。

我記得好像在中學的年齡吧！同班一些女同學有時候比男孩子發育得早，大概國中一、二年級，她們常常喜歡吃一種帶酸味的蜜餞，像酸梅之類，整天嘴巴裡就含一顆酸梅，好像對酸味有很多的喜愛和回味。

酸跟甜是不是代表心靈不同階段的成長？

其實甜味久了慢慢會發酸，酸味其實好像是人生第二種不同味覺的品嚐，就是你會知道生命並不像童年想到的都是甜味，生命裡面也有一點點發酸的憂傷的感覺，慢慢從這些味覺裡面冒出來了。接下來譬如說辣的味覺，有的地區非常喜歡辣的味覺。寒冷的北方很喜歡爆裂的辣；可是在東南亞，不管越南菜、泰國菜、緬甸菜雖然都喜歡辣，但那個辣是跟甜味在一起，非常奇特，跟北方的鹹辣不一樣。特別是泰國菜，喜歡放酸味的檸檬草，再加一點甜味，同時也有辣味在當中，讓你覺得在炎熱中去逼出汗來的一種感覺，滋味也很複雜。

不同的民族會提供出很多不同的料理，這是口味的一種強調。

大家都知道中國的湖南、四川吃辣椒最厲害，但對不熟悉的人、不習慣的人，可能那辣一入口，你就覺得整個口腔都燙燒起來了。辣有一種強烈，有一種味覺上的刺激快感在裡面，所以可能也是到某一個年齡以後，你開始覺得辣很過癮，就像潑辣，就覺得不要有太多的遮遮掩掩、不要有太多的忸怩作態，直話直說。所以後來發現這些吃辣的民族，吃辣地區的人民，好像真的是講話很大聲，聲宏氣壯，個性也非常豪邁直爽。的確，你會發現味覺的美學是跟個性息息相關的。

我們看到甜的味覺可能發展成酸、多了一點憂傷，然後發展出潑辣的強烈度，然後又發展出鹹味。

鹹味多半是在比較辛苦比較窮困的地區，經常把食物醃漬得非常的鹹，只要吃一點點，就可以配很多的白飯。譬如說，某些沿海地區醃製的鹹魚，是吃一小口就可以吞下三、四碗白飯，其實另外一個作用是減低食物的消耗量。

鹹可能跟勞苦的記憶也有關係。還有「辛苦」，「辛」是一種味覺，苦也是一樣。苦的味覺是在吃甜時難以忍受的事，童年最不喜歡吃苦，吃藥的時候會縐著眉頭，對於苦瓜也很排斥。可是我們都知道，味覺慢慢到最後，會發現跟生命一樣苦裡回甘，會變成另外一種非常美好的回憶。所以最好的茶、最好的酒，其實常常是苦澀中的回甘，兩種味覺還

是互相搭配的關係。

就像如果今天要過年了，你要請朋友到家裡吃飯，必須注意菜餚該如何搭配。

像非常油膩的冰糖燉肘子，絕對是一道好菜，可是你旁邊最好有一道酸甜的苦瓜來配合，可以讓我們的口味產生油膩之後的清爽。我想搭配才是最好的美學，你如果十盤菜都是冰糖扒豬蹄之類，大概別人真的會吃不消。

什麼是吃不消？就是覺得生命裡有一些東西太多、太重了。

我們覺得這個人真是吃不消、這個事情真是吃不消，都是因為太濃、少掉了搭配，並沒有好壞的問題。我的意思是說，冰糖扒豬蹄或冰糖燉肘子，還是一道好菜，問題是什麼東西可以來做搭配，例如一盤清炒劍筍，兩樣菜就相得益彰。所以美學在食物裡最容易表現出來，就是因為一桌子的菜餚中間，從前餐到甜點，其實就像是一個人生的搭配。你會發現你少不掉甜、少不掉酸、少不掉苦、少不掉辣、少不掉鹹，各種味覺搭配在一起，才是完美、豐富的人生，生活的美學也才真正得到一個完善的處理。

料理一道生命的菜餚

如果我們懷念一個地方，譬如說我懷念新竹，是因為那裡的城隍廟，因為城隍廟廟口的夜市，因為夜市的貢丸和米粉。就是在這個世界許許多多的角落裡，你會懷念幾個小小的市鎮，小小的一些街道，可能因為那個市鎮那些街道裡，有你非常懷念的一些小吃。

我特別說是小吃，因為我一直覺得好像記憶裡面，你真正眷戀的並不是那些很貴的山珍海味或大飯店裡奇特的菜餚，而是一些在偏僻的巷弄裡的小吃，為什麼是小吃？我後來在想，可不可能因為那些小吃裡有人用他一生或者好幾代的時間，把心血全放進去了，所以我們會覺得他把那碗擔仔麵煮好，裡面有一種認真。我覺得，這就是食物美學裡讓我感動的部分。

當我沖泡一杯茶給朋友喝時，我會跟他解釋：這是最好的大吉嶺紅茶，要用幾度的溫水，可以加入其他何種味覺，然後能達到何種效果。譬如說有一段時間我喜歡在紅茶裡放一片新摘下來的薄荷葉子，那是薄荷的嫩芽，放進燙水裡會跟茶香混合成另外一種清淡的味覺。

這個朋友可能上了一天的班非常疲累，或者今天被上司削了一頓，心情有一點不好。可是他坐在你的窗口，你給他泡了這杯茶，他可以感覺到這杯茶裡包含著關心。

所以我常常覺得最好的關心有時候不一定是語言，而是一種味覺上的照顧。

你讓他坐在窗台邊，看著外面河流的風景，你給他泡這杯茶，跟他解釋這茶的來源，然後放入一片綠色的薄荷葉，他會看到綠色的薄荷葉在燙水裡慢慢變成透明，然後釋放出薄荷清清淡淡的香味。這時好像他進門

嶽麓書院

時跟你嘮嘮叨叨抱怨那些生活裡的不快樂，也隨著那一陣輕煙就散掉了。

這就是為什麼我會希望談生活美學的原因，生活美學其實是安慰我們自己、鼓勵我們自己一個最重要的方法。

我們並不需要一本講人生格言的書、或是沉重的哲學書，或者是很嚴肅的宗教儀式來讓自己快樂。我覺得：快樂可不可能建立在點點滴滴生活的一些小細節上？如果你選一個很好的磁杯去泡一杯茶，放進一片薄荷葉子，這個過程本身會讓你快樂起來。所以生活美學有時候比宗教、哲學都還重要。很多朋友皺著眉頭讀一本宗教書、哲學書，希望有所開悟，讓自己生活快樂起來；在跟這些朋友討論的時候，我並不是反對宗教或哲學，而是如果自己沒有關心生活細節，就還是離快樂很遠。我覺得快樂和開心在生活裡非常容易體現，就是從生活的小細節做起。

稀飯與醃漬苦瓜

如果是在過年的季節，你會發現每一個朋友一方面大吃大喝，然後忙碌的拜年見朋友，一方面心裡又產生焦慮，覺得過完年了馬上要開始上班，在那個鬆散之後，立刻要進入很有紀律上班打卡生活裡，其實是最困難而且最抗拒的心情。你常常覺得有些朋友在這時會生出工作恐懼症，因為放鬆了一段時間後，生活節奏一下子調適不回來。

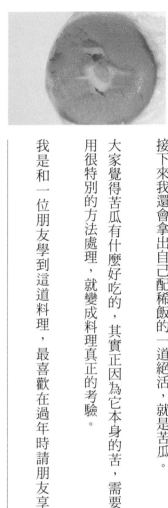

我會在這個時候邀請朋友到家裡來，先煮一鍋稀飯。我會告訴朋友，住家附近不知道為什麼發展出一種做鹹鴨蛋的行業，而且特別強調是祖傳的特別方法，切開鹹鴨蛋時，蛋黃部分紅紅油油的，特別的有滋味，配稀飯非常好。這是很容易取得、價錢又不昂貴的一道菜。

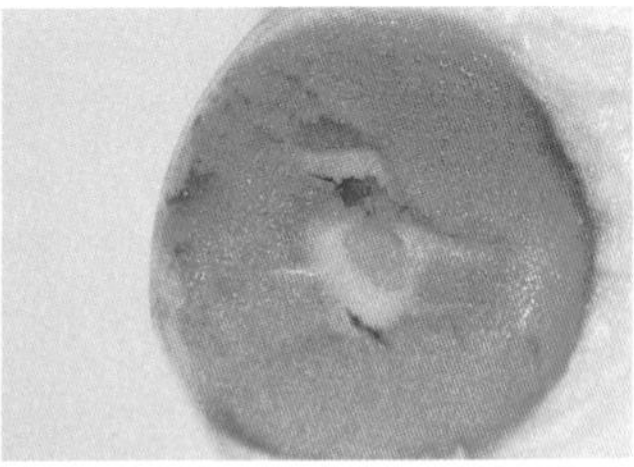

接下來我還會拿出自己配稀飯的一道絕活，就是苦瓜。

大家覺得苦瓜有什麼好吃的，其實正因為它本身的苦，需要用很特別的方法處理，就變成料理真正的考驗。

我是和一位朋友學到這道料理，最喜歡在過年時請朋友享用。先把苦瓜洗乾淨，對剖開用自己的手指掏掉種籽和瓢囊，你會感覺到苦瓜囊心和種籽的一些質感，會有觸覺上很有趣的快樂。將苦瓜切成薄片，一片一片的苦瓜放進大口的磁缸或玻璃瓶裡。然後我開始用醋、水來調配醃汁，喜歡酸一點醋就多一點，喜歡淡一點水就多一點。加一點冰糖，然後很重要的是加入話梅，選擇比較好的話梅約八粒到十粒；最後切薄薄幾片嫩薑進去一起煮。水開後，就把湯汁澆進磁缸或玻璃瓶裡，用蓋子封好，冷卻後再放進冰箱冷藏，大概一天以後就可以拿出來吃了。

這道醃漬苦瓜有非常好吃的話梅的酸甜、冰糖的甜味、醋的酸味，混合成非常奇特的滋味，它爽口、清淡到驚人的地步。

我試過很多次，凡是大吃過油膩食物的朋友，都歎為觀止。這道苦瓜，剛好是清洗油膩食物感覺的好東西，朋友吃完這樣的稀飯、吃完紅油心鹹鴨蛋、吃完苦瓜，就會有很開心的心情準備第二天要去打卡上班了。我覺得這是一個對朋友最好的關心。不需要語言，而可能是讓人從味覺開始體會到自己生命裡面非常美好的部分。你不需要再給他加重油膩的

東西，反而能夠幫助他把油膩清除掉，所以他自己有更美好的空間去接納第二天繁忙的工作。

我們在生活美學裡提到食物，希望大家不會誤會以為是教大家做菜，而是希望在料理的過程裡能去發現不同的文化、不同的歷史、不同的民族，提供給我們最精彩的味覺的美學，從品嚐食物開始，建立起自己對生活周遭所有點點滴滴小事物的注意。所以我們提到像日本料理、泰國料理，還有義大利或者法國的烹飪都非常有名。很有趣的是有時候我們會想到英國，似乎很少聽到英國料理，所以有一次我去倫敦，就好奇地問當地的朋友：

「什麼是英國料理？」

他們就笑了說：「英國人沒有什麼料理，油炸魚和馬鈴薯片大概就是主要的食物了。」

這就很奇怪了！因為英國的文學在世界上舉足輕重，偉大的作家莎士比亞、喬埃斯等都非常了不起。文學上這麼優美的一個民族，怎麼會對食物如此簡單、草率？後來跟很多朋友談起來，大家會覺得大概從十六、十七世紀以後，英國的海權很發達，擁有很多殖民地，所以被稱為「日不落國」。這麼大的一個帝國好像一直忙碌著在外征服，而沒有回到家裡好好去做他們的料理。當然這是某一個朋友的解釋，我們未必認定這是唯一的原因。

不過我在倫敦有另外不同的感觸，身為一個世界級的大都市，你幾乎可以在倫敦吃到全世界不同的料理，我就在倫敦吃到了最好的印度菜。過去覺得印度是一個較貧窮的國家，咖哩的味道也不好聞……如果你搭乘過印度航空的飛機，大概更不習慣機艙裡某一種咖哩的味道。可是我在倫敦第一次感覺到印度料理的精彩和精緻，咖哩也是由非常多種不同口味混合而成，並不是我們平常吃到的那種粗糙的咖哩。那一次的經驗糾正了我很多偏見，覺得不應該浮面地去看待另一民族的文化。

料理呈現出民族美學

我在倫敦的中國城，也吃到頂級的中國菜餚。在所有民族不同的料理裡，中國菜大概是全世界知名度最高的，也可以說在漫長的料理過程當中，這個文化發展出非常精緻的吃的文化，而且的確是比其他的民族更複雜。

我常常覺得日本料理懂得分別出一條魚各部位的用途，製作最頂尖的生魚片時，可能有些部分會丟棄不用。這時我就會想到中國的菜餚裡很少有丟棄的部分，好像材料裡任何一個部位都可以拿來利用。我覺得這是中國料理裡很有趣的特徵，不曉得是不是因為在漫長的歷史當中曾經有過非常貧窮的歲月和年代，而人在貧窮歲月時，其實會特別講究、複雜到可能平常不吃的部分都想辦法拿來利用。

在美國這種富有的國家，吃魚是頭尾都剁掉、骨頭剔掉，然後就吃一塊魚肉。真正懂得吃魚的人都知道其實魚頭是非常好吃的，可是富有國家的人覺得太麻煩，所以就只吃一塊很簡單的魚肉。或者更明顯地，西方人吃雞鴨時大概只吃胸肉。像我母親有時會笑說：

「這個人真是不懂吃，只會吃雞胸肉。」

因為雞胸肉是最沒有運動的部位，口感不佳。所以懂得吃雞、鴨的人，會知道如何品嚐脖子、翅膀、雞腿，這些都是肌肉比較有活動的部分，作法也不一樣。我們甚至也吃鴨舌頭，我想西方人大概連作夢都沒想到怎麼會去吃鴨舌頭。可能中國的料理有長久的歷史，甚至在饑荒當中，會把平常不那麼注意去吃的部位都已經吃出了特別的滋味。我們還會滷雞腳，做鴨掌料理，所有西方人可能都沒有注意到的食物部位，都被我們料理出來了。我記得年輕時到歐洲去留學，在菜市場還可以免費要到一大包雞腳，因為西方人不知道那些東西要怎麼吃，而我們卻可以用很好的料理方法，做出非常美味的滋味。

如果從另外一個歷史角度來看待料理文化，它展現出一個民族長期生存下來非常複雜的經驗，所以料理最容易呈現出民族的美學。

美國式速食文化今天對世界的影響非常大，也常常被比較講究的民族嘲笑。可是不能怪罪他們，因為美國的歷史比較短淺，所以對食物處理方法的經驗和記憶都還不多。這樣比較起來，中國這個民族對食物的料理經驗大概是全世界第一名，最複雜了。如果你到中國大陸各地去，會發現平常吃到的湘菜、川菜、江浙菜，還只是具體而微的一小部分，在各個不同的地區，對於食物都有特別的處理方法。這些部分都讓我覺得中國菜博大精深，要有更多的謙卑，才能夠深入瞭解。

你會在腦海裡浮現一些好像始終忘不掉的食物和料理，它們不只是口感上的回憶，不只是美食當前那種口腔裡的快樂，甚至會變成很特別的視覺記憶、嗅覺記憶，甚至會讓你在心靈上有一些特別的感動。

我就記得一道名字優美叫做「蝴蝶撲泉」的雲南菜。

看到這個名字我充滿好奇，就點了這道菜。它有一點像火鍋，用厚底陶鍋將水煮開後，把一種特別的石頭燒得很燙丟在鍋裡。所以你會看到清澈的鍋，裡面只有清水和石頭，完全像一塊一塊的石頭沉在溪流裡；這些石頭燒得很燙，能使才剛燒開的水繼續保持沸騰狀態，又好像泉水不斷地冒上來很多很多的泡泡。

接著上來一盤溪魚肉片。溪魚體型較小較圓，把頭尾、皮、骨頭處理過後，變成一片片非常薄像紙般的魚肉。大家現在可以想想那一個畫面，如果魚的脊椎骨被抽掉，兩邊魚肉變成像紙一樣的薄，就會像蝴蝶兩側的翅膀。當夾起新鮮魚肉丟進鍋裡一涮的時候，它完全像一片蝴蝶，兩邊翅膀整個捲起好像就要飛起來，這就是取名為「蝴蝶撲泉」的由來：鍋裡沸騰的水是清澈的泉水，鮮嫩切得像紙一樣薄的魚肉就像蝴蝶的兩片翅膀一一地撲在水中，你筷子一放開，它就在水裡跟著沸騰的水滾動、翻騰，形同「蝴蝶撲泉」。

這道菜幾乎沒有佐料，只提供一小碟的薑汁沾食魚肉。

我想這已經不只是一道菜了，它讓我想到蝴蝶翩翩飛在雲南大山縱谷裡溪流之上的景象，真是美極了。這個民族在做出這樣一道料理的時候，把大山大水中一灣泉水和蝴蝶的記憶變成了菜餚。我被感動的不只是口感的清爽、視覺上呈現的美，甚至覺得山水之中雲南民族的文化似乎在召喚著我了。

精緻文化的傳承

有時候覺得好的料理真的是像一首詩。我相信很多朋友在吃日本料理的時候，常常覺得端上來的菜餚完全像一首詩。日本也特別講究餐具，有各種不同著名的「燒」。所謂「燒」，就是漢字裡的窯，陶窯。譬如說叫清水燒或者熱燒，是從不同地區陶窯燒製出來的陶碗、陶盤、瓷器。所以日本料理裡，你會覺得不只是有味覺上的快樂，其實視覺上對於這些小碟子、小盤子也有一種認知的過程，它所承接的這個承物，是非常非常講究的。

而且常常我們會發現，端來兩片非常講究的鮪魚生魚片旁邊，會放上一朵菊花，或是一朵茶花，有時候是一片紫蘇的葉子。這時候你會思考：這樣的盤飾到底為的是味覺還是視覺？因為你並不會去吃這朵菊花，可是在色彩學上，這朵花剛好用它的黃色襯托出魚肉的某一種透明度。所以我會覺得一個講究的料理到最後真會成為一種文化，非常值得被珍惜和傳承。大家也知道，日本料理的師傅在社會擁有非常崇高的地位，因為他用他的料理傳承了精緻的文化。

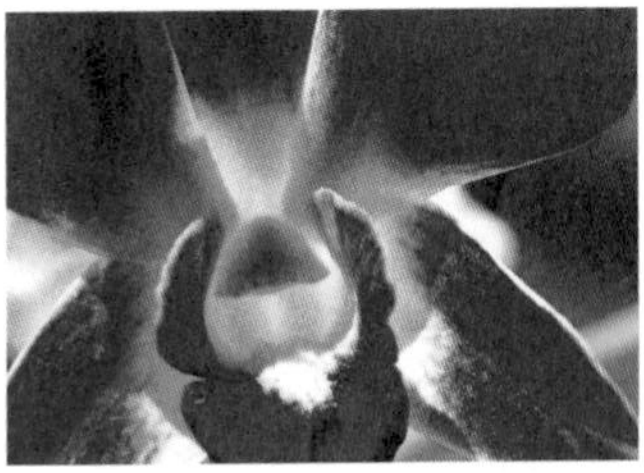

歷史上有所謂的改朝換代，政權的轉移，大家常常覺得那是大事。可是我們知道在一個真正悠久文化的歷史裡所相信的是：美的訊息被傳遞才是一件大事。如果美的訊息中斷了，這個文化就成為歷史的罪人。

我們可以看到日本有所謂的文化財、人間文化財，這些師傅被當成活著的寶貝，因為他們傳承了歷史、傳承了文化、傳承了美。

這種傳承並不是在一個很特殊的研究所，或者大學裡面去教學生，而是把美放在生活裡讓我們去認識，所以才彌足珍貴。所以回到我們自己的生活面來，大家可以觀察看看有多少美的訊息，能夠在我們的每一天三餐中傳承下來。我特別強調三餐，我們是怎麼度過每一天的三餐？我們是不是在三餐裡感覺到自己非常優美的文化？還是草草率率隨便打發掉？我想這裡絕對應該提醒我們自己如何能夠恢復食物的品質，將最基本的生活美學從這裡建立起來。

在生活美學談到食物部分的結尾，我們特別希望大家能夠在生活細節裡面，重新呼喚起自己對食物的一些記憶。

如果剛好周休二日，家裡的人會說：「今天我們去哪裡吃飯？」或者：「我們今天做什麼菜？」如果是自己家裡做菜，恐怕你會特別碰到一個問題——我要到哪一個市場去買菜？

我自己有一些偏好，譬如我不太喜歡去現代的超級市場，好像總覺得那邊的食物已經被冰凍過，或者處理到已經有一點沒有感覺了。傳統市場讓你覺得有一種人的快樂在其中，尤其小時候常常跟媽媽去傳統市場買菜，你會覺得大家都很熟。所以那些熟人當中，他會提醒你：

「我今天有非常好的芋頭，剛剛從山裡挖出來的。」

你會感受到食材的新鮮，在超級市場可沒人會跟你講這件事。我到現在還會懷念小時候跟母親去某一個肉舖，老闆會說：

「今天的里肌肉很好，你要不要買一點？」

然後他就拿新鮮的芋頭葉子包著那塊肉，用草繩紮起來交給我們。他絕對不是用塑膠袋裝的，在那個年代可能塑膠袋也很貴。可是從今天的角度來看，這種處理食物的過程有環保的概念。

我們會覺得傳統市場裡面有一種對於物質的快樂，就是你會感覺到它跟我們今天在超級市場這種沒有情感、冰凍的食物材料非常不同。

即使我自己住在巴黎時，也是去幾個傳統的市集，大概每個禮拜二或禮拜五會固定在某一個區有市集。法國一些家庭主婦或者買菜的人也不太願意去超級市場，所以我們會發現超級市場好像是美國化的產物。在歐洲大家心理上常常會排斥去超市，實在沒辦法太忙碌的話，才只好去超級市場。可是一般講起來，只要稍為放假的時間、度假的週末，大家還是願意去市集。在市集裡可以聊聊天，然後看到不同農家種出來的新鮮果蔬，或者自家釀的酒、自家特別方法做的鵝肝醬或者肉醬，充滿一種人的親切。這些跟我所提過像新竹、萬巒、鹿港的懷念小吃是一樣的，有人的記憶在裡面。

我以前常去鹿港的時候，一定會走到某一個巷子去看看那位賣蝦蛄的老

太太還在不在?蝦蛄是一種大頭蝦,老太太醃得很鹹很下酒,我們通常也買得不多。鹿港巷弄裡老太太的蝦蛄大概是全世界做得最好吃的,所以我常常就會跑到那邊去,特別去找她。前幾年再去她已不在了,我心裡面很難過。因為你覺得不只是蝦蛄不在了,也是這個人離開了。小吃的記憶是一個歷史,一個文化,我對鹿港很多的情感會跟這部分緊密地結合在一起。你會覺得——她——一個我連名字都不知道的老太太——傳承了鹿港某一種精緻的品味。現在她消失了,可能鹿港就多了另外一家速食店,就少掉了歷史厚重的味道,也少掉我魂牽夢縈還想回去的這個記憶。所以我一直覺得小鎮的文化其實常常與小吃結合在一起,也會變成人口往都市集中以後繼續回流的重要動機。

法國也是一樣,很多里昂人會往巴黎集中,可是在度假時他們就回到里昂來。有一個朋友的家鄉在布列塔尼半島,他跟我提過布列塔尼的可麗餅(Crepe)很好吃,在巴黎根本吃不到,所以我就跟他特別跑到布列塔尼靠海邊的市鎮去吃了可麗餅,這就是他的記憶。他已經住在巴黎很久了,成為一位大企業家,可是他還是懷念家鄉布列塔尼的可麗餅,我想這就是我們很奇特的記憶。

我會記得以前淡水碼頭上一個賣蚵爹，就是蚵煎餅的小店，那家小店後來也消失了。當它消失後，淡水對我的吸引力就會少掉一個傳承。

這些部分其實是構成小鎮文化非常迷人的質素，也是大都市事實上無法取代的部分；因為大都市裡的人太匆忙，匆忙到失去了精緻品味的可能，所以大都市裡大概千篇一律都會慢慢被速食店所取代，人找不回他原有那個小鎮文化的悠閒和精緻。

所有的美通常產生在悠閒文化當中。

這也讓我們瞭解到：為什麼在周休二日的時候，我們會想要逃離這個大都市，我們會到大都市周邊的幾個小鎮去重新找回我們的小吃。

我想下一次大家可以再去感覺一下，你找的可能不只是小吃，而是小吃周遭的人的生活美學，周遭人的一種溫暖，以及小吃文化給你一些非常重要的歷史記憶。它們存在，才會有大都市的存在，如果小鎮文化全部消失了，大都市會變成一個非常無趣的地方。

這是生活美學的第一個部分。希望大家也能夠開始對食物用心，對食物講究，在自己的生活裡，好好為自己完成生命的菜餚。

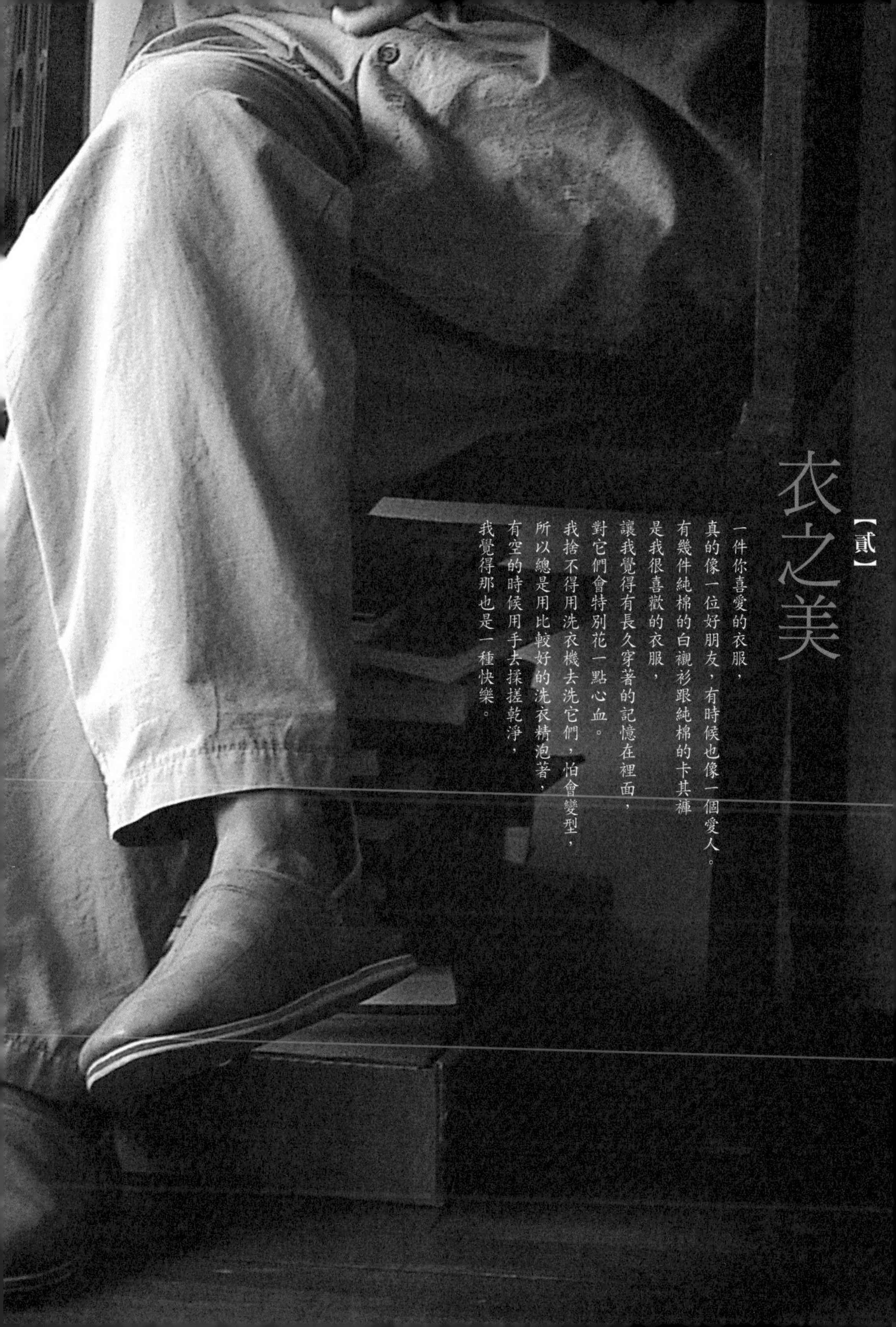

【貳】衣之美

一件你喜愛的衣服，
真的像一位好朋友，有時候也像一個愛人。
有幾件純棉的白襯衫跟純棉的卡其褲
是我很喜歡的衣服，
讓我覺得有長久穿著的記憶在裡面，
對它們會特別花一點心血。
我捨不得用洗衣機去洗它們，怕會變型，
所以總是用比較好的洗衣精泡著，
有空的時候用手去揉搓乾淨，
我覺得那也是一種快樂。

身體與服裝

將美學具體體現在生活當中，除了食物以外，我想大家都能夠瞭解到與生活最密切有關的，當然就是衣服了。

我們每一天都要穿衣服，包括了所有服飾的部分。如果今天問一個最粗淺的問題：

「你為什麼穿衣服？」

「因為天氣冷！」

也許一般朋友會很直接了當地這樣回答。我們說避寒，尤其在寒帶地方，如果不穿衣服會受凍，有時候我們說天氣冷多加一件衣服，因為怕感冒。衣服最基本的存在目的就是禦寒功能，有一點像我們談到食物部分時所說的吃到飽。

我相信今天很多朋友穿衣服，已經不只是禦寒；當然也有人認為，在人類文明慢慢地發展以後，衣服可能變成跟道德、或禮貌、禮教有關，因為我們看到西方很多的裸體雕像，後來常常在特別的部位用一片樹葉蓋著，這是蔽體的功能。不過早期人類都是裸體，這幾乎是一個自然的狀況，尤其在熱帶地區。

我們居住的地方其實算是亞熱帶，如果觀察一下原住民的文化，譬如說我到蘭嶼看到達悟族的朋友，他們穿一件丁字褲，就可以過一整年。丁字褲就是他的服裝，因為天氣非常地熱，他們又要常常到海裡去捕魚和勞動，所以任何加在身上的紡織品，可能都變成了障礙。對達悟族的男性朋友而言，第一，他不需要禦寒；第二，若要蔽體的話，只要一條丁字褲就夠了。甚至我在那邊看到早期很多原住民的女性，上身也不太穿衣服的。大概二、三十年前，我在蘭嶼看到達悟族女性朋友的一些舞蹈，像頭髮舞，就生出一種感動。那感動不只是對頭髮而已，甚至包括她們上半身身體那種豐富、那種健康。所以我覺得很有趣，我們自認為文明人，穿著很多衣服，可是我到蘭嶼去的時候，第一個感覺是我的身體沒有達悟族朋友這麼健康！他們在陽光下、在海洋裡、在大自然當中，身體曬到古銅色的感覺，你會覺得非常非常漂亮。

我們來追溯人類久遠的服裝歷史，看看服裝是怎麼發展起來的。在寒帶地區，人們打獵以後會把動物的皮毛剝下來禦寒，可是這個答案不能夠解答熱帶地區的問題，像埃及、希臘、印度這幾個古老的文明，都不在特別寒冷的地區。所以為什麼希臘會有許多裸體的雕像，是因為當地炎熱，希臘人運動時會把外面所罩的布匹整個解掉，裸體做運動，所以我們看到包括運動員、神像——如阿波羅、維納斯等，也都是裸體呈現。

所以我想談到衣，第一個是感覺一下身體吧！我們談食物時提到的是我們的口腔、我們的舌頭、我們的口腔跟食物的味覺之間的關係。而衣服的文化，則與我們的身體發生關連。

我們為什麼要在身體上放一件衣服，可能是因為冷、可能是因為禮教、一些習慣，可是這類禮教和習慣，和禦寒的問題會不會衝突？我舉一個很簡單的問題：我們居住在亞熱帶一個島嶼，既熱又濕，夏季拉得很長。我們的上層文化，男士們穿著正經正派的西裝，打上領帶，必須在有空調的房間裡面開會，不然會熱得受不了。我們從來沒有想過，是不是需要耗費這麼大量的電去開空調，為什麼我們不能夠少穿一些衣服？我們能不能設計一件衣服來取代穿西裝打領帶，由此免去強力的空調？

我把這個問題丟出來，也許大家會重新審視企業界或政治人物們在服裝上，是否更有創意一點？這個創意包含了你對這個地區資源的珍惜，包括了環保。有時候看到菲律賓的官員穿著他們的民族服裝，就覺得還不錯，至少那衣服比較通風，從健康、衛生的觀點看來對身體比較好。所以我常常覺得周遭環境的男士很可憐，很少有人想到可以對男士上班服裝進行一點點服裝美學的革命，就是可以輕便一點、適合熱帶地區；然後也可以更實用，更美觀一點。

名牌領導風尚

每一位朋友早上起來穿衣服的時候，除了匆匆忙忙外，也希望能夠多一點對衣服本身的思考。

什麼是「對衣服多一點思考」？有些朋友很講究穿衣服，譬如說穿的都是名牌。而名牌，是不是選擇衣服唯一的方式？當然我不否認，有時我也會去逛一些名牌店。像亞曼尼（Armani）、Prada這些服飾賣得非常貴，事實上不是每一個人可以負擔的。可是當然我會尊重這些名牌服飾的背後提出的一種創意，領導所謂風尚（Fashion）。事實上許多名牌跟歐洲的文化很相關，上層社會將服裝的織料織品做到非常講究的程度。絲、麻這些織料可以非常講究，也可以很粗糙。棉的等級也可以分成非常多種。我曾經去過一間印度棉布的專門店，那位老闆告訴我：

「印度棉花採收之後，棉絲有長有短。最長最柔軟的棉花都由英、法名牌店收購去，像台灣等一般廠商根本就拿不到那種棉花。」

我這才知道原來棉花的等級分成這麼多種。名牌服飾產品的紡織或者染色的過程裡還會加入很多的人工，它有一種「講究」。

其實講究當然是一種美。有時候你會喜歡一塊布，覺得撫摸時手上的質感是這麼好。譬如說，最高級的喀什米爾羊毛是指羊頸部的那塊部位，

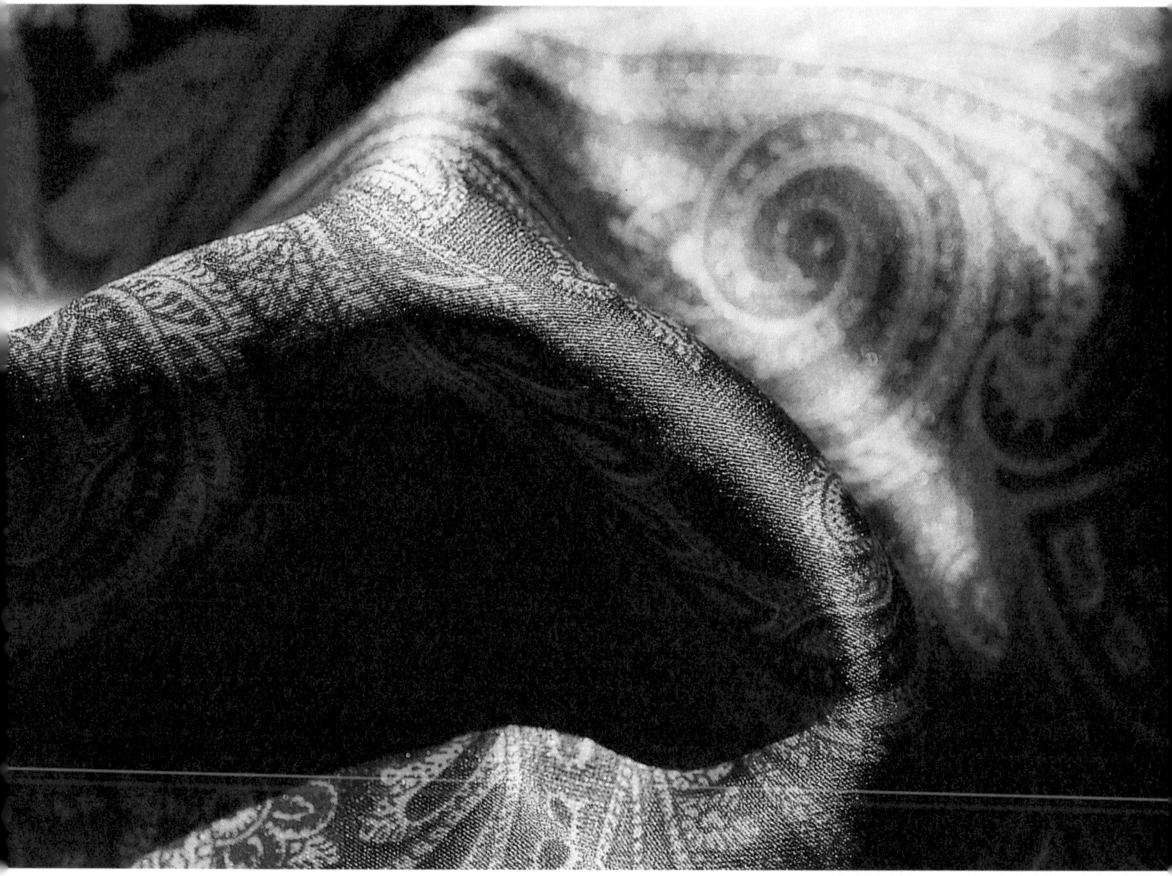

因為最輕最柔軟。所以如果你有一件喀什米爾毛衣，拿在手上輕軟又保暖，旅行的時候很方便，放在旅行箱裡沒有什麼重量，可是穿起來又勝過好幾件衣服。這個時候我們會覺得產品貴的有道理，因為它選擇了最好的質地。所以談到衣服會注意到織品的講究，的確是經過精挑細選的過程。另外，當然這樣的服裝經過一流的設計師設計，設計師會運用本身的美感在之後如染色等過程裡，加進最多文化的元素。

什麼是「文化的元素」？

我曾經到義大利去參觀一間名牌服裝工廠，見到很多美術專業人員在研究一張古畫，可能是達文西的作品。他們嘗試用現在的科技，以電腦分色做出畫裡某一種顏色用在織料上，譬如說是絲綢，然後變成來年流行的一種織品。這個時候我會覺得：他們的確把文化的元素放進這塊布料裡了。

譬如台灣今天有一間紡織廠，可能有生產廉價的棉布絲綢，但也聘用一些專業人員，到台北外雙溪的故宮研究一張宋朝的畫，將畫裡某一種色彩用電腦分色的方法做出來放在某一種絲綢上，這個絲綢就變成明年流行的服飾。如此顧客並不會覺得這件服裝比較昂貴，因為其中含有專業人員在故宮做研究的投資。

其實人類的服裝歷史蠻複雜的。古代一件講究的服裝，光是繡工就不知道要經過多少人、多少年、多巧的手才能完成。如果這服裝保存到今天，也是一件非常貴重的古董。這個貴重，不只是金錢層面，同時也是因為它有很多人的巧思、人的手工，保留住人類文明裡面最精美的部分。

我想衣服的美學和食物的美學很不同的是，食物的美學基本上保存性不高，再好看的一道菜，最後還是會被吃掉；可是衣服可以保留到百年千年。日本上野美術館收藏了過去帝王或貴族穿過的衣服，真是美極了！那種經過一千年歲月的淘洗，絲綢或是織錦的花紋、料子，讓我覺得完全是一件藝術品。我想服裝的文化，在這裡其實更容易感覺到美感。

其實我並不鼓勵大家一窩蜂地去買名牌服飾，因為當我在歐洲參觀很多名牌的店鋪、廠商，以及和研究人員交談之後，我覺得名牌之所以成為名牌，是因為它們背後有文化的支撐。如果你跟這個文化並不協調，放在身上有時候會很勉強。

在義大利時我常常看到名牌店裡很多日本觀光客試穿衣服，我覺得他們沒有注意到這家名牌跟他自己身體文化之間的關係。因為身體本身也是一個文化，有生理上結構的特徵。譬如說，東方人的下半身其實是比西方人短，所以在穿上一個要強調下半身長度的衣服時，效果其實剛好適得其反。這個名牌不但不能夠襯托出他身體的美，反而變成有一點怪異。

我會提醒很多的朋友注意觀察自己跟名牌的適合性，服裝其實是一門大學問，大家還是要花一點心血去瞭解自己適合什麼樣的顏色、什麼樣的造型、體態和什麼樣的服裝搭配在一起是最對的，我覺得這才是衣服的美感；而不是太輕率地就交給名牌，認為花了幾萬元買一件衣服，它就一定是好看的，其實可能並不一定。

純棉襯衫就像愛人

在台灣亞熱帶地區，夏季很長，容易出汗，我有時候會去選一件百分之百純棉的白襯衫穿在身上，既通風又吸汗。我常常跟朋友形容說：那件純棉的襯衫真像一個愛人，因為它會讓你覺得整個皮膚上有一種非常好的質感。

記得有一段時間，在台灣流行用現代化學方法做出來的尼龍衣服，其實穿上去很不舒服，因為汗都悶在裡面，非常不通風。可是那時這類衣服也賣得很貴，幾乎所有人趨之若鶩去添購，我想現在已慢慢被淘汰了。

服裝雖然是一種風尚，可是一窩蜂的風尚並不完全是對的。有的時候奇怪的服裝會變成一個社會價值的標準，就是因為大家都流行，如果沒有經過自己的思考就跟著流行，反而沒有真正美感的自我判斷。

在生活美學裡，我們一直比較希望強調的是，什麼叫美？有自己獨特的品味才叫美。

有時候你在地攤上看到一件衣服，不要認為一定不好，因為很有可能它的布料質感很好，然後很適合你。我覺得一直到現在我都喜歡某一種卡其布料子的衣服，這種布料很奇怪，洗越多次就越舒服。這種衣服經過長期的洗滌以後，產生一種柔軟和對皮膚的親切，這是我所喜歡的衣服。

記得小時候很奇怪——我很怕穿新衣服。那個年代平常經濟條件不是很好，大概就是過年的時候有「穿新衣、戴新帽」的習俗，我們家六個小孩就會被爸爸帶到中華商場去，為每一個人買一件新的卡其衣服。卡其衣服剛做好的時候上漿過，質感很硬，把皮膚磨擦得非常不舒服，覺得像穿著盔甲一樣，有時甚至將比較細嫩的地方都磨紅磨破了。所以我最懷念的卡其衣服是穿了一段時間以後，它的柔軟度出來了，跟人的皮膚十分貼切。

其實鞋子也是一樣，衣服的文化裡很重要的一部分是鞋子。我常常跟朋友提到，鞋子很像一個好朋友，你穿久了以後，它會把你的走路習慣複製在這雙鞋子上。所以新買的鞋子走起來就不那麼舒服，去旅行時最好

不要穿新鞋，否則腳會被磨破起水泡。

我想不管服裝、鞋子，其實都是一個人身體的記憶。

我們不要忘記，記憶是一種美感，全新的東西就少掉了記憶的深情，沒有深厚的感情在其中。有時候我不覺得今天經濟條件好轉後，很多人就以為常態性地更換衣服一定是快樂的——我想追逐衣服的時髦、流行，當然無可厚非，每一個人都有這樣的心理，可是不要忘記：一件你喜愛的衣服，真的像一位好朋友，有時候也像一個愛人。有幾件純棉的白襯衫跟純棉的卡其褲是我很喜歡的衣服，讓我覺得有長久穿著的記憶在裡面，對它們會特別花一點心血。我捨不得用洗衣機去洗它們，怕會變型，所以總是用比較好的洗衣精泡著，有空的時候用手去揉搓乾淨，我覺得那也是一種快樂。當然很多朋友會說：

「我現在工作這麼忙，哪裡有時間自己洗衣服，把這個工作都交給洗衣機吧！」

我不反對洗衣機，還是有很多衣服或者襪子會用洗衣機來洗，可是我自己最喜歡的白襯衫，我會用手搓洗。而領口跟袖口的污垢或者汗漬，洗衣機未必能消除；可是如果稍為浸泡一下，時間夠了，用手去揉搓，髒污就會消失了。

我不曉得當我在講食物、衣服的時候，會不會在強調的，是讓我們生活周遭的這些小東西都變成有感情在裡面，因為美是一種感情。全新的東西很難覺得是美的，因為人的情感還沒有加進去。我希望不論是談到食、衣、住、行的哪一方面，機械性、物質性的東西都必須要有人的情感記憶注入其中後才會改變。所以小時候讓我身體不舒服的新衣服，穿久以後慢慢跟我身體建立了貼切的關係，會成為我很深的情感。有時候看到自己還保留著的那件高中卡其服，就覺得很特殊，因為經過歲月之後，它有很多不同的東西在裡面。

我想很多朋友也瞭解，人類過去的紡織歷史還沒有這麼發達的時候，其實衣服不是像今天替換得這麼快的。記得父親、母親那一代，有時候一件衣服可以穿好多好多年。例如母親有一件棉袍，每一年冬天都拿出來曬，帶著樟木箱裡樟腦丸的味道。過年前後、重要的拜年場合，她會特別穿上。對她來講這件衣服是非常珍貴的，因為她曾說外婆當年送給她這塊布料，然後她找了手工師傅去做這件衣服……。這件衣服對她而言是一個故事，所以她不會輕易捨棄；甚至母親過世以後，我也不會輕易丟掉它，因為它有很多母親身體的記憶存在著。

我想我在談衣服文化的時候，一直希望朋友們可以瞭解到：每天換新衣服，是一種快樂；可是不要忘記留著幾件你非常珍貴的衣服，那是另外一種快樂。美的快樂，很難用純粹的物質來做衡量，就給自己另外一種不同的、懷舊的快樂吧！

文化的強勢與弱勢

在生活美學裡和大家談到衣服，也談到名牌。不反對朋友去買名牌、關心名牌，甚至隔著櫥窗欣賞名牌，可是不要忘記什麼叫名牌？當名牌成為名牌以後，一定有非常漫長的文化和歷史在背後支持。我們慢慢從名牌服飾知曉：其實名牌是一種強勢、弱勢的比較。

我舉一個例子。大概三百年前當滿洲人入關，中國人的外型發生了很大的改變，男人必須把額前頭髮剃掉一半，後面留一根長辮子。這不是中國原有漢族的髮型，當時引發很多的悲劇。漢族覺得「身體髮膚，受之父母，不可毀傷。」除非出家，否則是不能夠隨便亂剃髮的，這是印度佛教傳來的觀念。於是留頭不留髮、留髮不留頭，很多漢人竟然就這樣犧牲了。這就是我所說的強勢與弱勢，到最後大家當然覺得還是留頭不留髮比較好，因為至少可以活下來，所以就改成了規定的樣子。三百年清朝過去了，大家都覺得這個髮型是對的，台灣早期的移民，一直到日據時代的廖添丁，都是此種髮式，再沒有人去思考這不是漢族的原樣，而是滿洲人的型式。

接下來西方勢力強大起來了，於是民國建立以後流行剪辮子，大家覺得剪辮子才是一個強勢文化。如此分析起來大家就發現到，服飾、髮式都有文化上的強勢與弱勢。

譬如說，今天我們看到台灣企業界或者政治上的社會名流，基本上都打領帶、穿西裝，然後頭髮抹得油油的，這根本就是西方的型式。為什麼打扮成這個型式？因為西方已經強盛起來，我們在模仿一個西方的型式。所以有時候覺得很好玩，你看到一位社會領袖在談本土文化，可是我在想，他身上的衣服根本不本土啊！全部是洋裝，不管男性、女性，都穿著洋裝。這個時候的本土意識在哪裡呢？所以談到服裝看來是小事，卻反映出整個文化的大勢所趨。我也提過，穿西裝打領帶其實並不適合台灣的氣候，我們應該要有更多服裝的創意。

什麼叫做「美」？美，絕對包含創意在內。

一個人把別人完成的東西毫不思考的放在自己的身上，這個人絕對不是有創意的人；包括花很貴的錢去買名牌包裝自己，如果並不合適，仍然談不上是創意，談不上有美感。我們知道所有的美是被自己創造出來的，所以我們會說這個人好棒喔！他穿衣服真是有品味，有自己的獨特性。

曾經擔任英國首相的柴契爾夫人，就有自己的服裝特色，她很清楚女性政治人物應該穿什麼樣的衣服。她的服裝變化不大，可是有一種古典、傳統的風格；她的服裝不強調太過突兀的創新，可是絕對跟她政治文化的角色融合在一起。

有時候我觀察社會的名流，不管是企業界或是政治界人物，其實他的打扮已在說明他頭腦裡在想什麼，因為服裝已經比他口裡的話更顯示出他有沒有文化的思考性。如果他把強勢文化的東西這麼隨便地放在自己身上，不做任何的思考，其實我不敢冀望有一天他會為這個地方帶領出政治的獨立性或者獨立思考出來。所以我相信我們所謂的獨立性表現在很多生活的細節上，就是我們一再強調的：「美是一種獨特品味」。有時候一位文化界人士可以瀟灑地穿著自己某些服裝，創造出自己的品牌。這個品牌的意思是，它不一定很昂貴，可是跟他自己身體的感覺是可以合一的。

美國文化出現了一個很有趣的服裝，就是牛仔褲。我們知道那原來是一種最耐磨的布料，因為在美國早期移民跟西部開拓史裡，牧牛人騎在馬上，所以不能穿細緻的衣服。現在牛仔褲已經變成全世界的一種文化品牌，不管哪一個牌子的牛仔褲，最基本的原則就是耐磨，可以讓你隨便亂坐，你的身體不要那麼拘謹。

可是你注意到沒有？我們所有的政治人物跟上層的人物，他們的衣服是不能隨便亂坐的，所以這裡面已經分出來一個社會的階層服裝性。大家可以從服裝文化來做點思考，台灣有大量的勞動人口，他們可不可能每天穿著西裝、打著領帶去勞動，其實是不可能的；所以西裝、領帶變成上層階級的符號。這時我們就瞭解到服裝文化的背後其實相當有趣，不同的服裝其實有強勢、弱勢的區別，我們可以從服裝來判斷出社會結構的多面性呈現。

創出獨特的服裝美學

人們穿衣服的歷史非常漫長，每一個民族都發展出各自的紡織文化。

我想大家都知道，人類歷史中創造蠶絲最有名的就是中國。黃帝妻子嫘祖發明養蠶取絲的故事可追溯到五千年之前，當然這個神話我們不一定完全相信，不過千萬不要小看中國的絲織品。大家一定聽過「絲路」，從魏晉南北朝一直到唐朝，這是歐洲跟中國之間最重要的一條經濟道路，西方一直希望透過各種管道取得中國的絲，因為絲是當時中國經濟最大的來源。中國也自知這項最重要的能力，所以當時蠶繭是不准出口的，因為很害怕西方人知道怎麼養蠶結繭以後，我們就失去了經濟上的強勢。

沒想到之後西方的東羅馬帝國，也就是拜占廷帝國跟中國聯姻，有一位中國公主要嫁過去，拜占廷拜託中國公主的使者要求公主帶一些蠶繭來。這位公主大概也覺得她要嫁到這麼遠的異國去，將來她就不是中國的公主，而是東羅馬拜占廷的王妃了，也應該幫助一下夫家，所以就把蠶繭藏在髮髻裡帶出了中國。東羅馬因此有了絲，西方也開始生產絲織品出來。這是人類服裝史裡非常有趣的故事。

東方風再起

中國過去曾經是世界絲織品的重要創造者，可是今天已喪失了這個能力。不過這幾年我在歐洲感覺到一個很有趣的現象，在服裝美學上，東方風重新流行起來了。

如果大家這幾年有過出國的經驗，大概都會跟我有很類似的感覺，在紐約、羅馬、巴黎、倫敦的街頭，走著走著，忽然就覺得怎麼一件東方的服裝在眼前。這類東方服裝可能包括了日本、中國，可能包括了韓國或者越南，甚至馬來西亞或者柬埔寨的某些沙龍布，織品的感覺各不一樣。

舉最簡單的例子，我想大家都知道三宅一生是這幾年在歐洲最紅的日本設計師，他開發出非常特殊的日式風格織品，征服了整個歐洲。還有在香港和上海出現的服裝品牌——上海灘，推出某些中國民俗色彩的服裝，譬如桃紅配柳綠的滾邊中國服裝，現在在巴黎的街頭走著走著，就會看到女性穿著這樣的衣服走過來。旗袍也開始大量地流行，而最有趣的是：不只是女性穿上這類衣服，連 Gucci 這個名牌也把中國式的旗袍變成了男性服裝，繡上團花而且開右邊的盤扣。

我想提醒大家注意一下，服裝界瀰漫著東方情調，也在說明世界文化之間發展的趨勢。因為我們提過，服裝強弱勢的發展是非常敏感的，下一波到底什麼是強勢？什麼是弱勢？我們要持續觀察世界服裝歷史的演變才行。

我自己之所以對服裝歷史感興趣，並不在於我要穿這些衣服，而是要透過服裝的歷史及衣服的美感來觀察美學的訊息，因為當中透露出人類文化一種新的趨向。這幾年在巴黎，我也感覺到東方的食物料理店越來越強勢，像泰式日式的料理愈來愈多，而且開始產生食物料理的品牌，不再像早期的中國餐館是以廉價為號召。所以「食」跟「衣」都有東方風、亞洲風在世界蔓延，其間到底暗示著什麼訊息，可能是我們非常值得思考的地方。

不同民族在漫長的人類服裝歷史裡，依據著自己的氣候、生態、物產，發展出了不同服裝的織品。中國有非常悠久的絲綢文明，印度也生產品質優良的棉花。印度人本來用手搖紡織機紡棉紗，在英國人殖民統治後改以機器紡紗，從此開拓出全世界最高貴品質的棉織品。

為什麼中國會發展出最好的絲？

為什麼印度會發展出最好的棉？

應該是與各國的生態、氣候有關，所以一定會發展出適合自己的文化出來。譬如說，記得二、三十年前我到台灣中部的廬山、霧社一帶去旅行，那個時候交通還不太發達，有時一連走幾天的山路。在山路上，我就看到台灣原住民泰雅族的老婦人坐在路邊處理一種東西，就是麻。台灣產麻，她把這種植物打爛以後曬乾中間的纖維，加上漂洗和染色，就在路邊用很簡單的紡織機紡麻，織成她們服裝用的某些布料。

不管是中國的絲、印度的棉、泰雅族的麻，其實都跟自己的文化記憶有關，大家從文化裡最後發展出提供給世界最好的一種織品。如果提到遊牧民族、比較寒冷地區的民族，像是蒙古，就會發展出全世界最好的皮毛，因為天寒地凍中，蒙古人知道如何利用動物的皮毛製作服裝。台北故宮博物院有一張元朝的畫作〈元世祖出獵圖〉，作者劉貫道是當時的御衣局使。御衣局，就是專門掌管皇室衣物的辦公室。這張畫表現出當時元世祖忽必烈跟皇后在秋天打獵的情景，如果大家看過這張畫，可能會記得元世祖穿了一件非常漂亮的貂皮大衣，貂皮又輕又軟，就適合寒冷地帶。不論是皮毛、絲綢、棉或者麻這些不同的質料，我想就是大家感受服裝美學時首先領略到的織品的美。

服裝分出階級

我覺得服裝最容易反映出階級性。

不論古今中外，所有上層階級的衣服都非常的拘謹，因為衣服已經變成一個政治符號。我有時候看到古代皇帝的圖像就好同情他們，那套龍袍穿上去要花許久時間吧。也有一個朋友嫁到日本去，她告訴我結婚時所穿的禮服共十五件，穿上後一整天動也不能動。因為那是上層貴族的服裝，貴族會用衣服來分出階級，強調出自己的重要性和與別人的差異性。如果是勞動的朋友，衣服當然是以工作方便為主。於是你發現這個社會裡服裝會分出很明顯的階級，穿這種服裝的人和穿另外一種服裝的人，頭腦裡的思考應該也是不一樣的。

法國以前最強盛的時候，有一個皇帝路易十四留下來一張很重要的畫像，如果你去凡爾賽宮看到那張畫像，包準忍不住笑出來。

他在五、六十歲的時候，特地找畫家來替他作畫。他身穿大禮服，頭戴男性貴族流行的銀白色假髮，裡面好像很多彈簧，走路時彈簧頭髮就會跳跳跳。我們知道現在西方很多法官和大學教授，上課還要戴這種假髮，因為它代表了一個階級。如果天氣熱時這樣毛毛的頭髮戴在頭上，真會悶熱得受不了。

看完頭髮，你就看到路易十四的衣服絲絨一層又一層，外面再罩上一件很大很大的貂皮披風，上面繡滿了花。接下來你就會覺得這個皇帝很滑稽，就是他下半身穿著芭蕾舞者般的緊身褲，身上配戴許多劍、珠寶，一大堆行頭。他擺了一個姿勢，有一點像現在明星的丁字腳站法。最奇怪是他腳上穿著紅色高跟鞋，這麼胖的皇帝穿著一雙紅色的高跟鞋，鞋頭有紅色的蝴蝶結，上面鑲滿鑽石。

我每次看到這張畫就覺得蠻好笑的，所謂歷史上被稱為太陽王的路易十

四，這身打扮可真累壞他了。所以我常常會同情上層階級的人或者政治領袖，會覺得他們其實真地彆拘謹的。就算天氣炎熱，還得打著領帶、穿著西裝，去跟所謂勞動人民握手——可能為了要選舉，或者要親近人民，可是他的服裝卻缺乏親民性。所以我常常覺得其實服裝的目的之一，應該是要讓自己覺得舒服安適。

現在比較好的是有所謂「休閒服」這樣的觀念出來，你也可以穿得很優雅，同時坐、臥、行、走，都不會覺得不舒服。想想看打了個領帶，你怎麼可能臥，然後脖子被勒得不舒服到極點。

我覺得一位政治領袖如果聰明的話，可以創造出新的服裝美學風格出來。這樣不見得會不禮貌，只要把美學風格建立起來，人民是可以接受的。

譬如說，過去台灣也有政治領袖創造出一種比較接近勞動人民的服裝，他走到十大建設現場的時候，你會覺得他好像比較自然，也真的有一股親和力，那是因為服裝的關係。

服裝是不能騙人的，穿著可能二、三十萬的名牌服裝，你怎麼去親近人民，老百姓的衣服也許不到二千元，這時候就沒有辦法構成親民性。

可見服裝其實是很重要的一個象徵和符號，社會領袖人物尤其應該注意如何使服裝本身變成自己重要的品牌符號，因為它是不能作假的，我一再強調：它是不能作假的。

另外，我看到文化界很多人的服裝是比較自然的，可以強調出衛生、乾淨、禮貌，可是不見得一定在強調名牌。有人穿著很自然的卡其衣服、很素樸的白襯衫，然後也能夠呈現出自我的風格。

我們會希望也許在穿衣服的服裝美感文化裡，有更多這樣的人物出來。甚至我也覺得很多企業家其實可以創造出自己穿衣服的獨特品牌文化出來，一方面你建立自己的優雅性，講究質料和造型；另外也不要忽略跟自己員工之間的親和力。

我相信這樣的思考非常重要，因為美不應該在最後變成讓大家感覺陌生跟害怕。

路易十四為什麼得穿成那付模樣，因為他一出現所有人都得跪下，叫做「鶴立雞群」，就是一隻鶴站在所有雞的面前。我現在要問的是，如果你是一位社會的領袖人物，你願意成為人民之外的一個鶴立雞群的人物嗎？

不要忘記：你是被這些人民選出來的！不管企業家或是政治領袖，底下都有員工或者選民，如果你的服裝獨特性太強，其實就造成了中間的隔閡，這些人會覺得你並沒有跟他們產生親和的關係。

以前的女性更是可憐。中國古代有一句話講得非常好，說是「女為悅己者容」，在強勢男性沙文文化控制下，女性必須裝扮成男人所欣賞的樣子。所以中國古代宮廷的女性要纏小腳，腳掌變形纏得很小很小，因為男人喜歡。西方女人則把腰勒得好細好細，甚至特地開刀拿掉最下面兩根肋骨，十六、十七世紀歐洲宮廷的公主或是王妃，就是這樣惡整自己的，在人類學上這是不可思議的事情。

從這裡可以看到服裝的歷史中，一個強勢者可以用美感來壓迫虐待弱勢力的人，我不禁要問：我們今天是不是還有這樣的現象？如果還有的話，我們能不能說自己是一個民主的時代？

民主的時代應該會有自己穿衣的獨特美學，如果現今政治人物並沒有服裝的獨特品味跟創造力的話，這個地方的獨立思考到底在哪裡？

其實這一直是我打下的一個大問號。所以我會不斷地追問在生活美學裡，如何能讓有思考力、有判斷力、有獨立思考的社會領袖人物，真正能夠把服裝美學穿出來。我去印尼的峇里島時，看到當地圍著一塊沙龍的服裝，都覺得可能比我們更有自己本土的獨立思考意識，我就會開始懷疑，我們獨立思考的意識形態到底建立在什麼基礎上面？

制服年代

談到跟我們生活息息相關的服裝美學，希望喚起很多朋友的一些記憶。

我不知道大家記不記得可能在二十年前、或者三十年前的台灣，所有學生上學所穿的衣服，都是叫做制服。回想一下當時，譬如我在高中時候穿的制服，頭上戴一個圓型大盤帽，上身跟褲子都是卡其服裝。你會發現如果以男學生的服裝來講，其實根本是軍人服裝的延續；可能當時等於是全國皆兵，所以從小學、初中、到高中的成長經驗裡，所有學校的服裝其實也就是軍服。

是不是那個年代在強調以軍人治國的理念，然後就把軍人的制服推廣到所有教育系統當中去？

還有一點很多朋友一定也會發現，當人們需要強烈管理一個團體的時候，都會用到制服，例如監獄和軍隊。這兩者都由很強勢的命令在管理著，所以不能讓你有自己衣服的獨特性，要讓你穿上制服。

我記得看過一些從人類行為學來探討服裝的書。例如一個黑社會大哥平常很有個性，嚼著檳榔，穿著獨特的服裝。可是他犯法被捕關進監獄後，首先被剃光頭，然後就讓他穿上跟大家一樣的衣服。我們知道在人類的文化行為學上，頭髮是很明顯的特徵，服裝也是。為什麼剃光頭髮？為什麼穿上制服？就是要消除你的特徵，讓你原來的氣派跟霸勢忽然消失。

西方《聖經》也有一個故事，〈舊約・士師記〉有個叫參孫（Samson）的大力士無人能敵，可是他的秘密卻在頭髮上，只要頭髮被剪掉，力氣就消失了。其實這是一個很有趣的暗示，就是人類的某一種獨特性會表現在頭髮或者服飾上，如果這些劃一以後，你就失去了個性。

我記得很清楚，我自己在學校讀書的時候穿的制服，就不能強調自己的個性。男生都要留三分頭，只要稍為長出帽緣以外，教官就會處罰。當時女孩子的頭髮一定要在耳朵以上，耳朵以下是要記過的。這些都說明了服飾本身的美學變成制度化、劃一化以後，的確方便管理。

不過台灣解嚴以後，大部分學校開始設計自己的制服，我記得有的學校每星期有一兩天可以讓學生穿自己的衣服到校，那麼大家的個性也就開始呈顯出來了。可是個性剛剛開始出來的時候會有一點亂，大家覺得不習慣，因為有一點污雜、不整齊。我們注意一下，整齊不見得一定是

美，服裝的美學裡面，我還是強調每一個人穿出自己的品味跟個性，它和整齊是不一樣的。

我有一些朋友喜歡打球，你會覺得他穿上球裝特別好看，因為經過運動以後，他的身體跟打球衣服之間的關係特別的美，裡面有一種活力，我會覺得比他穿起西裝打起領帶要好看多了。這就是我要談到的，服裝其實包含了一個人自己的個性在裡面。還有一些女性朋友很細膩優雅，穿著經過剪裁的薄紗服裝，走起路來很飄逸，好似風微微盪漾的感覺，我就會忍不住地看著，覺得真悅目。

但是我還是要強調，不論是穿運動服或薄紗衣，一個人要有自己身體的個性去適合這些服裝。如果今天掉換過來，一個動作非常細膩優雅的人穿上運動服，可能會有一點怪異；或者動作很粗大的人忽然穿起薄紗的小禮服，你也會覺得不對勁。所以這裡面都有我要談到的基本觀念，其實在於自己對自己的瞭解，不是隨便花錢去買一個不適合的東西放在自己的身上，還是跟思考、創意有關係。我們既要瞭解自己的身體，也該瞭解自己的個性，所以服裝最能夠反映從生理到心理的全部過程。

服裝的色彩也有類似的情況。我們會看到某些人很適合穿黑色，流露一種古典和典雅。有些人愛穿明度比較高的顏色，譬如粉紅或者淺黃，看起來就很明亮，個性裡有一種喜悅感。或者說在某些場合，你會覺得大家都呈現比較沉著的顏色，這些其實都跟個性有關。所以服裝的美學事實上非常非常的複雜，其中涵括到質感、色彩、以及造型，跟我們的視覺、觸覺都會發生關聯。那麼我覺得每一天自己整裝的時候，都可以重新問自己：

「我今天要到哪裡去？要見什麼樣的朋友？要去什麼樣的場合？這件衣服的造型、質感、色彩適不適合今天的場合？別人看到以後會有什麼樣的感覺？」

我覺得這樣就是思考服裝美學的開始，也會讓自己覺得穿衣服變成一個比較快樂的事，而不是人云亦云，別人這樣做我也這樣做。所以我特別強調服裝美學裡獨特的品味、獨特的思考性；也希望有一天熱帶島嶼上的台灣，能夠產生獨特風格的服裝。我們在服裝美學上幾乎已經全盤皆輸，沒有自己獨特性的風格跟色彩，其實是一件非常遺憾的事。

珍惜美好物質

當我們談到衣服的美學時，我要特別強調不管是西方或者東方，紡織品的完成與女性息息相關。尤其在東方，我們知道過去稱做「女紅」，意思是女性用紡織、編織、刺繡等方式完成與衣服有關的製作品，所以女性在文化最偉大的創造其實是與衣服有關。

這個偉大的傳統隨著工業革命的來臨而式微，我們現在的衣服多半不再是母親、姊姊、嫂嫂製作的。我記得小時候大半的衣服是母親與姊姊她們裁剪出來的，毛衣也是她們打的，帽子、手套，都是母親用毛線織出來的，所以「慈母手中線，遊子身上衣」這一句唐代古詩，是有很深的情感在裡面，讓我們感覺到任何一根線都寄託了人的情感。那件衣服穿在身上，你感覺到的不只是生理上的溫暖，我覺得心靈上也是很精緻的。

「慈母手中線，遊子身上衣」的這個遊子，不管流浪到天涯海角，走到任何地方，他身上所穿的那件衣服是母親親手織出來的，他會有牽掛，也有許多懷念，我相信這是我們要談的生活美學。生活美學是希望所有的朋友在食、衣、住、行當中能夠滿懷著對物質的感謝，因為這些物質都不是從天上掉下來的。

「慈母手中線，遊子身上衣」，是對衣服這項物質一個人情的懷念。同時我們也知道當小時候我們在吃飯時，母親總是再三強調：「不要剩一大堆飯不吃！」她會跟你說：「誰知盤中飧，粒粒皆辛苦。」一粒米一粒麥是這麼多的農民在很辛苦的狀況下耕種出來的，所以要我們對這樣的事物有一個珍惜、有一種感謝。由此可見古代很多文學都一再提醒我們如何知福，如何惜福。

我想當我們在談生活美學時，還是需要回到這個原點，希望所有的朋友能夠對生活周遭看起來不太重要的一些小事，重新賦予更多更多的關心。

小小的飯粒掉在桌子上，也許可以輕易地用抹布擦掉；但也許你會覺得這飯粒是一粒種子，提供出它的生命來變成我們的食物，我們對這顆飯粒就會有不同的感覺。比較現代化的城市已經有垃圾分類的觀念，比如說台北市已經將廚餘分開處理了。傳統社會裡大家的經濟條件不是這麼富有，很珍惜剩餘物質；曾幾何時，可能現在廚餘已太多了，我相信今天很多人家裡剩下的菜飯可能比吃下去的還要多，也就變成蠻大量的浪費，這種浪費其實損害了人對於物質的一種珍惜。

我會覺得在父母的那一代，他們總是在教育我們說：「誰知盤中飧，粒粒皆辛苦」，所以我們一直有一種很珍惜物質的感覺。到了另外一個世代，當大人沒有做這樣提醒的時候，你會覺得他們對於物質只是一種糟蹋，而這種糟蹋其實產生出整個人類生產消費當中惡性的循環。

今天很多人提到環保，我想這其中不只是保護環境而已，我們應該明瞭到所使用到的物質跟我們之間的關係，大量地耗費物質並不會使我們快樂，可是如果手上握著一些小小物質，感覺到那個物質的快樂，像是撫摸那一件用純綿做出來的襯衫，然後自己把它洗乾淨後用熨斗燙平的過程，我覺得是一種非常大的快樂。這才是環保的概念，回到一種對物質美的珍惜程序。

美不是「價格」

我們總是把美的事物從生活裡面提出來做一些思考，任何一個物質經過了思考，就會產生不同的情感。

像唐詩「慈母手中線，遊子身上衣」，我相信也許母親健在的朋友，大概不會覺得她為你織了一件衣服，你穿在身上會有多麼天長地久人情上感動的力量。可是如果有一位朋友每年冬天他老穿著一件看起來有點陳舊的毛衣，你可能會覺得奇怪，還跟他建議說現在毛衣很便宜，為什麼不去換一件新的，好幾年都在穿這件毛衣。你會發現在大眾場合這個人有點靦腆，他也不太好意思講；也許他會悄悄地告訴你：

「有些情況你不瞭解，其實這件衣服是過世的母親織給我的。」

那麼這個時候你心裡面會悚然一驚，你會感覺到他到任何地方去買再昂貴的毛衣，都比不上這件毛衣的情感。

所以我常常會感覺到美並不是價格，人世間最美的東西可能是母愛，可能是愛情，也可能是友誼。那麼這些情愛跟友誼編織進一件衣服裡面時，我相信價格已經無法衡量了。

工業時代以後我們很少自己動手去做東西，有時候我常常會建議一些朋友在情人節時為所愛的人織一條圍巾，或者做一個衣服上的小配件等等，這些東西不難，可是意義是不一樣的。今天我們常常看到商業廣告會誇張地表示：「我愛我的太太，所以我買了一個多麼大的鑽戒給她！」這樣的廣告所強調的，其實應該不只是這個鑽戒本身的昂貴價格，而是有個人在關心那位妻子。

最近跟朋友學習金屬工藝。

一個下午的時間，他教我將一片925白銀用碾片機壓扁壓平，變成我要的樣子。之後我利用砂紙的質感壓在銀片上，讓銀片出現非常漂亮的紋理。我量好一位朋友手指的戒圍，慢慢用鎚子敲打，把銀片兩端密合起來，然後放一點點焊接的金屬在接縫處，用銲槍接合起來。再經過染色、拋光及打洞的過程，我竟然能在一個下午做出一個很漂亮的戒指，當我把這個戒指送給朋友時，他很感動，因為他知道這個戒指在世界上任何一家店都買不到。

在這裡我要強調的是，很多衣服飾品都被商業標示成昂貴的東西，可是世界上沒有任何東西比得上人心，其實人心才是最寶貴的。

有位朋友手上的戒指毫不起眼，甚至因為年代久了有點烏烏黑黑的感覺。他跟我說這是他們的結婚戒指。他剛剛從台灣東部到台北來時租了一個小小房子，房子太小，連張新婚的大床都擺不下，新婚的晚上夫妻倆還各自睡雙層床。他一面撫摸著那個戒指，一面跟我講著當年的故事。我這個朋友現在已經是一個大企業家，買得起非常非常昂貴的戒指，可是我知道他為什麼一直還將那不起眼的戒指戴在手指上，因為有他的深刻懷念在裡面。

我們現在面臨到兩難的局面，就是所有的消費經濟行為當中，商業不斷刺激著我們：廣告說當季的衣服要出清了；才三月就看到春裝的消息；

換季時就會想有幾個品牌會打折，要去搶購一番……。我相信這當然是一種快樂，也很理解這種快樂。

可是我也跟朋友提到：這是一個矛盾！

今天我們是有能力可以不斷換購衣服，可是如果我們不換掉衣服，用得更久些——我跟朋友說有件衣服穿十年了，我可以把它保存得這麼好，因為覺得洗衣機洗得太粗糙。我選擇一種最好的洗衣精去浸泡它，不傷到纖維，我用手搓洗它時也很溫柔，甚至在晾曬時不用吊掛的方式，以免拉扯或變形，所以必須鋪在平面上曬乾；曬乾後有一些皺摺，我用很細緻的方法把它燙平。

我講的是一件衣服十年來跟我的情感，因為我善待一個物質以後，它跟我身體產生很多記憶，所以我會很珍惜這種記憶。這樣的一個記憶可以包括衣服跟我皮膚的感覺、那雙鞋子跟我的腳走路形狀產生的感覺、或者一頂帽子戴久之後，好像慢慢變成個朋友的關係了。我稱這個感覺為服裝的體溫，去感覺一下服裝的體溫，我相信是衣服美學一個非常不同的開始。

我們的民族服裝？

在巴黎或紐約上課或參加國際化的活動時，常常會接到邀請函，上面特別註明：「參加來賓請穿著民族服裝。」記得第一次收到這類邀請函時，我愣了一下，其實有點茫然。我問我自己，我們的民族服裝到底是什麼？我不知道大家跟我是不是有相同的疑問？這樣的邀請函好像在忽然提醒我們，平常穿衣服時好像只在意它們是否禦寒或者好不好看，可是衣服的背後其實有一個文化美學，這個文化美學從何而來？

全世界的人現在在日常生活當中，衣服大概都越來越接近，也許一件襯衫配上一條牛仔褲，這樣的服裝其實有一點國際化，可是國際化就是民族文化及民族個性的喪失。所以大家又會有一種遺憾，覺得不應該輕易地丟掉民族個性。

民族性是在非常長久的歷史當中慢慢演變出來的，民族服裝可能已有一千多年的歷史。

我在一次活動中觀察一位日本的女性朋友，她平常穿著襯衫、牛仔褲時是一個樣子，可是為了配合活動穿起她們的民族服裝「和服」的時候，她臉上會忽然透露出一種文化的自信，你會覺得很美，那個美是日本文化裡有一種「退讓」、有一種「謙遜」。

穿起和服以後的日本女性常常讓你覺得她的身體有一點往內含，和西方女性服裝挺胸起來那種美的自信很不一樣。日本女性朋友穿著和服的時候，身體、胸部非常明顯地往內收，小腿膝蓋微微的彎曲，走路時也有一點內八字。這個時候我領悟到衣服是身體姿態美感的代言者，有文化的教養意義在裡面。

女性和服最美的部分常常是在領口。和服領口很大，然後你會發現日本女性常常表現出有點害羞的表情，所以頭常常低著，你會發現她低著頭的時候，從頸、脖子後面一直延伸到和服裡面，是最美麗的一根線條。

在日本浮世繪版畫或導演小津安二郎等的電影畫面中，常會看到這樣的漂亮身體姿態。還有當她們幫別人倒酒的時候，右手拿著酒壺，她們會用左手輕輕拉著和服的袖子，這樣的姿勢都跟服裝有關。過去東方像韓國、日本、中國的女性服裝都有很寬的袖子，所以在工作時她會用左手輕輕地兜住這個袖子，就產生出動作的一個美感。

同樣那一個晚上，我還注意到另一位來自印度的女孩子，她穿著的是所謂的「紗麗」。我們知道印度因為天氣炎熱，就紡織出大概世界上最薄、最吸汗、最輕柔的織品，而且顏色非常的漂亮。我覺得全世界最懂得用顏色的人是印度人，他們知道運用熱帶花草的美好色彩染印鮮艷的顏色，還穿入很多金線。印度的衣服不太剪裁，直接纏繞身上，感覺到的美是布料原來的美麗。

我還發現印度女性身體最美的部分是腰部，這點讓我很驚訝。希臘美學當中常常強調人身體的腹肌，我們所看到的希臘雕像中，不只是男性有腹肌，連羅浮宮很有名的維納斯雕像都有腹肌，因為希臘人很講究運動。可是，印度在熱帶地區，人比較慵懶，所以印度最美的女性腹部有

一點鬆軟圓潤。印度舞蹈或者阿拉伯肚皮舞，如果有腹肌就跳不出震動的感覺，微微有一點胖的腹部才會產生美感。

我希望讓大家瞭解到：每個民族最後非常知道自己身體的美學，需要用什麼樣的服裝來呈現，可是我還是有個疑問——我要穿什麼樣的民族服裝？我的民族服裝到底是什麼？其實一直到我參加完那個宴會，這個疑問都沒有得到解答。

注意身體比例

我們發現到，很多國外的名牌服裝，其實是依照自己國人的身體美學設計的。例如義大利人的下身比例長，上身較短，所以他們上面穿一件小馬甲，下搭長褲褲裝，穿起來真是美得不得了。我曾在義大利名牌店看到日本的女性朋友購買類似的服裝，她穿在身上我覺得完全不對勁，因為東、西方的身體比例非常不一樣，原本漂亮、帥氣的服裝穿在這個日本女性朋友的身上，我就覺得我都不敢看了。

生活在我自己的家鄉——台灣島嶼，在這個地方長大，其實民族服裝是一個非常困擾我的問題。之前的國家大典有時大家穿著長袍馬褂，其實那是滿清的服裝，可是在辛亥革命以後，好像也延續了清代禮服的習慣，最後變成國家大典的禮服。現在很多人覺得長袍馬褂不應該是我們的禮服，但到底台灣的民族服裝是什麼？這中間可以再做深入的討論。

我們有原住民，蘭嶼的達悟族穿著丁字褲，完全可以呈現出他們身體的美，丁字褲就是他們的美學。可是當然我們知道今天很難將丁字褲訂立為禮服，我們很難想像有一天我們的總統穿著丁字褲舉行國家大典，好像蠻尷尬的。還是乾脆就穿上西方的服裝？其實現在社會上有影響力的企業家或一般政治人物，男性服裝早已全盤西化，其中沒有任何一點點所謂民族或者本土的意義在裡面。

政治人物做出表率

我相信我們還在思考本地民族服裝的美學到底該往哪裡走，或者可能連起點都還沒有開始建立，可是我的確覺得政治人物是需要做出一些表率的。不過政治人物必須先讀書、先思考文化，才能為文化、服裝找出一條民族的道路。如果刻意為政治為選戰去訂出一套服裝來，其實沒有任何意義，因為不會有人去穿上，或者只有在選舉的時候造成一股熱潮，之後就失去了影響力。

我的意思是，一套服裝必須在文化上被認同，才會產生長久的影響力。

我很誠懇地希望社會裡有影響力的朋友，應該更去深思服裝跟我們身體的關係，更去深思如何將服裝做為台灣的本土符號。比如說：織品質料應該是絲嗎？還是棉？還是麻？還是毛？我可能先剔除毛，因為台灣其實很熱。我也可能會剔除絲，可能我們的絲織品不見得這麼優秀。也許可以考慮綿與麻。型式上可以走樸素的路子，因為民族服裝的特點之一，是不能只是少數人所壟斷的昂貴衣服，它必須能夠量產、能夠大眾化。所以今天在這裡思考民族服裝的時候，我反而會用一個比較樸素的角度，可能是一件很簡單的襯衫、一條質料簡單的褲子，去標示出台灣的一種形象，這個形象可能代表出大家很健康……。

一個亞熱帶的島嶼推出我們自己服裝的品牌，不走昂貴路線、不挑繁複設計，而是簡單、樸素、好用，可是也乾淨、大方。

為什麼特別要提出簡單、樸素、大方？因為我看到大部分所謂「上流社會」提出來的服裝，其實很少是好看的。有的頭上戴一頂奇怪的帽子，身上東一朵花西一朵花，絕對不會好看。

服裝美的第一個原則，其實是簡單與樸素，大家常會忘記這個原則；一個人把自己弄得像棵聖誕樹一樣是不會好看的。

在討論衣服美學的最後階段，我們特別強調的是：如果暫時還沒有找到民族服裝特徵的時候，至少能夠抓住簡單、樸素、大方這幾個最基本的原則，我相信就絕對不會出錯了。我們也看到一些在政治或企業上非常有能力的女性，當在某些場合出現的時候，穿著白襯衫、素色簡單套裝，其實是大大方方的，也讓別人相信她們的幹練。

一九二〇年代，法國開始出現第一代的女性主管，服裝設計師香奈兒就運用男性西服的元素開始設計出女性主管的服裝，讓女主管出現時有說服力。

服裝是一種形象，下一次你在公眾場合出現的時候，可以重新思考自己的服裝究竟帶給別人什麼樣的印象。

我們特別提過柴契爾夫人，她擔任英國首相時服裝並沒有很多的變化，可是你永遠覺得「鐵娘子」三個字放在她身上是非常恰當的，因為她辦事的果敢、有魄力，都在服裝裡彰顯出來，成為一個符號。所以我會特別呼籲在社會上有影響力的朋友，尤其是女性，可以特別注意一下自己服裝和社會角色之間的某些關係，於是「美」反而會在這裡彰顯出來。

【參】住之美

房子並不等於家，房子是一個硬體，
必須有人去關心、去經營、去佈置過，這才叫做家。
有些人只有房子，並沒有家。

把「房子」變成「家」

之前談過每天可以怎麼吃東西，怎麼穿衣服，能夠看待食、衣成為生活裡面的美，讓自己一天的三餐都能吃出生活品味，讓自己身上每一天穿的衣服、鞋子都能有自己生命的風格在裡面，也特別強調這些美，點點滴滴遍佈在生活裡，才構成生活真正的價值。

這些「美」不需要太昂貴的價值，而是必須要「用心」。

所謂的「用心」是，你關心你自己的食物、你關心你的衣服，它就會有一個風格出來，不必跟別人比較，要有自己的自信。大餐館裡昂貴的料理，不見得比得上路邊很認真做出來的一碗擔仔麵。一件名牌衣裳，也不見得比得上母親雙手織出來的一件毛衣。所以我們特別強調的生活美學，是希望能夠從很樸素、很健康的物質基礎上，發展出自己的生命風格。接下來除了食、衣以外，我想大家知道人生的四件大事裡，我們要進入到非常重要的一環，就是住。

提到住，大概想到的就是房子。你有沒有一個房子居住在其中？你可能是單身，可能你也有妻子、丈夫、孩子一起住著。人類歷史當中，房子的記憶其實非常的久遠。大家可能聽過古代神話裡的「有巢氏」。當時人類開始模仿樹上的鳥，因為鳥住在鳥巢裡，是一個窩，所以他們模仿鳥巢做出一個窩，這一類的人就被稱為「有巢氏」。

我們不太能夠想像神話傳說裡講的有巢氏時代，到底是多麼久遠以前，可是大概一萬年以前，人類都還是穴居的，住在山洞裡面或者很簡陋的一種居住環境，等到他們真正懂得去蓋一個房子，有一個建築這樣的形式出來，其實是非常非常晚的事情。

譬如說在考古的遺址上去挖掘像夏朝的宮殿、房子，都還非常難找到。商朝、周朝開始有了一些比較完整的城市、居住環境的一些規模出來，所以我們特別希望在談到住的部分，能夠擴大到人類長久的一個居住經驗，這個居住經驗有其歷史背景、漫長的文化淵源，同時也跟我們自己今天居住的環境有關。

我們去過一個城市，其實除了對那一個城市裡面料理的記憶，或者那個城市當中一般人穿衣服的記憶以外，很重要的一個記憶，是關於建築的記憶。我們會說我最近去了巴黎，巴黎好美喔！那個城市真是美極了！當你說巴黎很美，其實你指的基本上是建築，也就是居住的環境很美。

或是最近去日本的京都，京都的廟宇、京都的寺廟，然後周邊一些老的建築好美。我們又碰到居住的問題了！我們會發現我們對城市最重要的一個觀感，常常來自於對居住環境的評論。

同樣的，我相信很多朋友一定跟我一樣聽過有點不舒服的一句話，就是很多人會說：「台北怎麼那麼醜。」或者「台灣的城市怎麼那麼難看。」我已經不只一次聽過這樣的話，其實剛剛聽到的時候會產生反感，覺得我們的城市真得這麼醜嗎？其實對於一個城市的美感，如果是說京都很美、巴黎很美，通常是因為那個城市有一個風格。例如日本的京都，你會感覺到所有的街道佈置、廟宇寺院、以及每一座建築的屋簷、色彩、造型，中間有一種協調感，所以在旅遊當中，也許只待幾天而已，可是這幾天連貫下來對整個城市的印象其實並不深入，因為停留的時間並不久，可是至少它有一個門面。

所謂「門面」，就是一種建築的印象。

可能有一個朋友來我們家，在客廳坐一坐，或者你招待他用餐，在家裡餐廳坐一坐，他並不會很深入你的家庭，可是他大概在你家坐一坐吃個飯，已經會出去跟別人說：

「這個人家不錯喔！擺飾很有自己的風格，也乾乾淨淨的，東西都放得很規矩。」

這種印象被稱為「門面」。就像巴黎，我們在巴黎旅遊一段時間後，會覺得城市迷人的地方有塞納河兩邊的建築，它們構成一種風格和統一，甚至橫跨在塞納河橋上的橋樑，都構成一種風格。

回過來看看台北呢？高雄呢？台南呢？新竹呢？

我們忽然會覺得如果我們是一個外來者，我在這些城市裡面待幾天，到底得到什麼印象？我想今天譬如說一個城市推出摩天高樓，說自己擁有全世界最高的樓——這並不是一個印象。印象是我在幾天當中經過的街道、橋樑、建築，所有加起來的一個風格，這個風格其實沒辦法說清楚到底是什麼？譬如我常常問朋友說：

「你說巴黎美！巴黎美在哪裡？京都美！京都美在哪裡？」其實不是很容易說出來的。可是整體印象講起來這些城市有一種統一的風格，就是我們講的 Style。我們前面講過穿衣服也是如此。你頭上的帽子、腳上的鞋子、上衣跟下面的褲子或者裙子，它中間有互相搭配的關係。其實美，就是找到其中的一種和諧。所以我們說風格 Style，這個風格是跟人統一的，同樣的，城市印象、居住環境，也是在找這個協調性。所以有時候我在想，我居住的城市真的這麼難看嗎？這麼不美嗎？我可以帶我的朋友說：

「你看我們的總統府，它是日本統治台灣時代留下來的建築，這個建築由森山松之助設計，當時仿造了歐洲某些巴洛克的元素，然後又使用台灣紅磚的材料，我覺得它並不是一個很難看的建築。」

可是問題是：總統府和周邊其他建築所形成的關係又是如何？我們就觸碰到了一個在居住環境裡最重要的議題：空間的美並非只存在於單棟建築，而在於建築跟建築之間構成的一個協調性。

我們談到協調性的時候，也許就觸碰到台灣為什麼不美的原因，因為它整個大環境當中摻雜了太多外來元素，而這些外來元素本身沒有產生出風格的一致性。所以一個外來者在台灣待了一兩個禮拜後離開，沒有辦法留下對台灣建築風格上感動的力量。情形既然如此，我們就應該去改善居住的環境，創出風格來。

有親切感的「窩」字

晉朝的大詩人陶淵明有兩句詩很有名：

眾鳥欣有託，吾亦愛吾廬。

這十個字的意思是樹上所有的鳥都活得非常快樂，為什麼呢？因為牠們在黃昏的時候可以回到窩裡去，牠們在樹上有一個巢；就像我們今天有了一個家，所以會覺得很安全、很快樂。

詩人陶淵明看到樹上所有的鳥都有自己的巢、自己的窩，這麼快樂的生活著，所以他領悟到我也愛我自己的家。這是陶淵明詩句中非常感人的十個字，就是從大自然、從鳥類的生存、從鳥類有窩有巢來想像到我們自己也像鳥一樣，我們的家就是我們的窩。

其實我蠻喜歡「窩」這個字。現在一般人有時候不太用這個字，可是有時我跟很親的朋友會說：

「哎呀！這麼冷的天氣，我真希望窩在家裡。」

那個「窩」的感覺，你特別會覺得因為它有個親切感，你所熟悉的空間、你所熟悉的環境；尤其天氣冷的冬天，你會覺得有一個被窩，又是「窩」這個字，都讓你覺得有安全感；然後你可以窩在那邊，讀你自己喜歡的書、聽你自己喜歡的音樂，那種開心就是你有一個熟悉的環境。

我常常跟很多朋友說，陶淵明講的「眾鳥欣有託，吾亦愛吾廬。」台灣今天應該拿來做為愛自己居住環境的兩句很重要的觀念，若翻譯成白話文，「吾亦愛吾廬」的意思，就是「我愛我的家」。

怎麼做到「我愛我的家」？我相信在某一段時期，也許我們會覺得房子是你花錢購買的，或者我租來的一個房子，你會覺得它只是你白天上班、出去玩、見朋友回來窩在那裡的一個小地方，所以你也不在意它。如果你不在意它的話，這個房子跟你沒有很密切的關係、沒有這種情感。

我就發現朋友大概可以分成兩類：有一類的朋友他不喜歡你到他家裡去，如果有事情要辦，他總是說：

「我們要不要到附近的哪一間咖啡店碰面？」甚至有時候會說：「我們在哪一個超商的門口談談事情，然後你把東西交給我，我把東西交給你就好了。」我會覺得很納悶，我想：

「這個人不就住在附近嗎?他為什麼不邀請我到他家裡坐坐，喝一杯咖啡，然後再談事情。」

這是一類的朋友，就是你永遠對他住的環境不瞭解、不清楚，你也覺得他不太希望別人去他的家，好像他寧可在外面活動。所以都市裡才會出現很多咖啡廳、小茶店，讓人可以應酬或交際。

可是事實上有另一類朋友，你會覺得剛認識沒多久，他就希望你到他家去，他會很得意地告訴你這個家是怎麼怎麼佈置；不管這個房子是他自己買的、或者正在交貸款、或者租來的，可是你感覺他住在這裡不管一年或兩年，至少他要把這個家處理到自己喜歡的狀態。他會告訴你他從哪裡選到的床單、在哪裡買的書架，書在書架上如何歸類，然後他的音響放在哪裡，餐廳是怎樣佈置的，在哪買的餐具。

其實，房子並不等於家，房子是一個硬體，必須有人去關心、去經營、去佈置過，這才叫做家。

有些人只有房子，並沒有家。

大家也許還記得好萊塢一部電影《E.T.》，當那個外星人發出「Home」這個字的時候非常感人，很多人都被那個發音感動了。我想不管英文裡的「Home」或者我們所說的「家」，其實都要以「人」做為主體。

可能很多人已經不太瞭解「家」這個字是如何構成的了：上面有一個屋頂，裡面有一頭豬。我們會覺得很有趣，為什麼屋頂裡面是一頭豬？大概在古老的文字學當中，認為家裡除了人以外，還會養家畜、像雞、鴨、魚、豬等，這樣才會像一個家了。家庭會有副業、家裡會產生情感，不只人在其中覺得安全、溫暖，連動物在這裡也覺得安全、溫暖。

小的時候，我們家裡養了很多雞、鴨、鵝、豬。雞、鴨、鵝都採放養的形式，白天牠們跑出去在河邊池塘裡覓食，黃昏就自己回來。黃昏時站在門口，會看到鴨子排成一列搖搖擺擺地走回來，那個時候你會感覺到「家」真的是非常溫暖的地方。

當時我們住的其實是爸爸的宿舍，院子裡種了樹，黃昏時鳥都會回到樹上。也許今天很多人住在公寓裡，對這種家的感覺較陌生，可是譬如你養了一隻狗，遛狗之後那隻狗很興奮地要跑回去的地方，就是家。

但家，絕對不等於房子。

一棟大公寓雖然空間很大戶數很多，但有些是屬於別人的，對你來說沒有意義。可是有一個空間，哪怕只有三十坪、十八坪、十坪，可是它是屬於你自己的。你的生命要在這裡停留一段時期，這個才叫做家。

我特別希望在住的美學裡，首先你必須對家有認同感，它才會開始美；如果你覺得它只是一個房子，對你沒有太大的意義，不過是花錢買來的一個殼子，遲早你也會離開它，這樣就不會產生情感了。所以我希望居住環境中，大家能夠先把房子變成家，再開始去營造一個空間的美學。

我們在生活美學裡，提到了跟我們息息相關的居住的美學——如何把自己的房子變成一個家，我在這裡並沒有強調這個房子必須很大，必須很豪華或很昂貴。我在自己所居住的城市多年來認識很多的朋友，也經由這些朋友認識了他們的家，各種不同形式的家。

七〇年代我剛剛從歐洲讀完書回來，當時台灣經濟剛剛起飛，很多舊房子陸續被拆掉了。那時敦化南北路附近變成新開發很重要的東區，蓋起了多座大樓，賣得非常昂貴。

當時這個昂貴的地段有一座古老的建築叫做「林安泰古厝」，因為此區的開發而面臨到被拆除的命運。由於很多建築學者、歷史文化學者出面呼籲，最後「林安泰古厝」被保存下來，但卻是整個拆掉以後，重新建在基隆河邊。它被遷移了位置，因為它阻擋了這個城市的現代化。

我想這裡我們其實碰到一個問題：如果今天在巴黎，有人要發展巴黎最中心區域，就是聖母院所在的位置，塞納河裡面的那個島，那可是最昂貴的地段。若是拆掉一個老教堂，蓋起一座三十層或一〇一層的大樓，那麼大家不是都發了嗎？如果這樣考慮的話，我相信全巴黎的人、或者全法國的人可能都要出面抗議，因為他們會覺得城市的美觀被破壞了。

美到底是什麼？我們在這裡瞭解到，巴黎為什麼會美？因為城市的記憶被保留下來了，所有過去人生活的遺址、遺跡都未被毀壞掉。

不斷清除記憶的城市

這個時候我們開始瞭解到為什麼許多外國人來到台灣，對台灣城市沒有印象，因為我們的城市是一個不斷消除記憶的城市，我們所有的房子在七〇年代、八〇年代當中，輕易地被拆除，因為一轉手它們就可以變成土地上昂貴的或是建築上昂貴的一個收入，所以為了發財、為了土地上的買賣，或者房子上的買賣，其實我們讓一個城市變得醜陋了，今天即使要彌補，已經是非常困難的事。

以台北為例子，過去的淡水河是台北的母親，這條河流養育了很多人長大。

最早時淡水河行船可以一直上溯到萬華。萬華，就是艋舺，在平埔族語言中，艋舺就是船的意思。當時萬華成為繁華的商業區，但隨著後來這條河流被人們丟棄的廢物堆積、淤淺，船只能行到延平北路大稻埕這一帶，大稻埕於是繁榮起來。慢慢這條河流再度淤淺，迪化街這個地方船也上不來了，大龍峒又變成新的繁榮區。

我們可以看到這一條河流有它的歷史、有它的記憶；如果你依序在萬華、大稻埕、迪化街、大龍峒找一些老建築，你可以看到這一個城市居住的歷史年輪，其實跟巴黎的塞納河一樣地美。可是曾幾何時，我們把整個城市的重心從西區移到了所謂的東區，整個西區是棄養狀態，就是這個老母親已經老了，我們不要她了，丟棄她了。所以這個城市之所以不美，是因為人的感情消失了。而在東區，一個可以繁榮、富有的城市正被重新營造。

可是我們一再地強調，物質的財富不一定等於美，所以這個島嶼上的城市一個一個變成醜陋的城市，因為這其實是一個薄情的島嶼，它沒有過去的記憶，它對過去沒有感謝。

我們也才瞭解到日本的京都為什麼美，京都可以把一千年以前接受唐代文化的一個城市整個延續下來。

大家看到京都像棋盤形式的平面圖，就是模仿當時唐代長安城的格局，到今天都沒有被破壞掉。那些古老的寺廟，南山、東山重要的文化區，即使在發展現代化的過程當中，都是沒有被隨便毀損掉的歷史記憶。

當我的目的地是京都時，我會先搭乘飛機到大阪，大阪的飛機場是一個現代化美麗的飛機場；然後我坐火車到京都，那兒的火車站是一個現代化的火車站，可是這些現代化不影響到值得尊敬的古老建築。

我的意思是，科技的方便讓我坐飛機到大阪，之後再坐火車到京都，然後可以看到古老的歷史跟文化。可是今天如果我們有一個最現代化的飛機場，接下來要讓大家看到台灣的什麼？如果大家來過以後都覺得這個島嶼的城市都不好看，不要再來了，那麼建再好的飛機場都沒有用。

其實我們希望提醒大家，我們因為富有而糟蹋了自己的城市、自己的居住環境，現在應該如何彌補過來。

在新竹，一個曾經被荒廢的古老城門，經過了現代建築師的重新改造，設計成一個美麗的城門，周邊也設立幾處廣場，有很多文化的活動，這就是新竹人的驕傲，因為這個城市中，一個曾經被遺棄的風景又重新被重視了。

或者說，許多人在新竹長大，從初中、高中，一直到上班，都在同一間戲院裡看電影。但是這老戲院隨著歲月沒落了，而今天經過文化人的重視，戲院重新被裝修保存下來，祖孫三代可以一起感念這間戲院，這是新竹的記憶重新被找回來了。所以我相信今天也許大家覺得台灣這個城市還不美，可是開始美起來了，也許從新竹這樣規模不大的城市慢慢找回了一些記憶，那麼我們的居住環境、生活品質已經在改善中，並非處於絕對消極、絕望的狀態。大家現在至少應該停止對美麗古蹟的毀損，付出更多的關心將它們保存下來。

人人願意回家

還是反覆地想跟大家唸一唸陶淵明的詩：

眾鳥欣有託，吾亦愛吾廬。

走到大自然裡，看到所有的動物都有牠們的窩、鳥都有牠們的巢，所以也會想到自己是不是有一個溫暖的家，一個你願意回去的家。

有時候你會覺得有的朋友這麼忙碌，忙碌到他自己也不願意回到那個家，他當然對這樣的一個房子不會產生情感。所以我們一再強調食、衣、住、行，真正的基礎其實是在家的「營造」。即使你是獨居，也應設法把家營造好，因為你一定有朋友、有親戚，你可以邀請他們來家裡坐一坐，當大家都愛你的家的時候，你也會愛自己的家。

我自己在很早就領悟了「家的意義」。

七〇年代我剛回台灣工作的時候，有一個很天真的想法，覺得自己在忠孝東路四段上班，也應該在附近找房子，生活才會方便。那位聘用我的老闆很好，他說：

「這樣好了！你在一樓上班，我二樓剛好空著，你就住在二樓吧！」

我覺得這樣太方便了，真是幸運得不得了，居然找到一間房子剛好就在上班地點的樓上。我的老闆就將二樓跟一樓打通，設一個旋轉梯下來，我每天根本不需要到街上去。下班，就走旋轉梯上到二樓；上班，就從旋轉梯下來。

可是大概兩個禮拜後我開始覺得不對勁，因為我發現我的職場領域跟家的私領域沒有辦法分開來。我在自己家裡可能已經上床在棉被裡窩著了，忽然想到剛才雜誌內某些部分好像應該修改，棉被一掀我就走旋轉梯下來，又開始忙編務，結果弄得公私不分沒日沒夜。

就在那時我體悟到：家有一個很重要的功能，是讓你離開職場，我們在

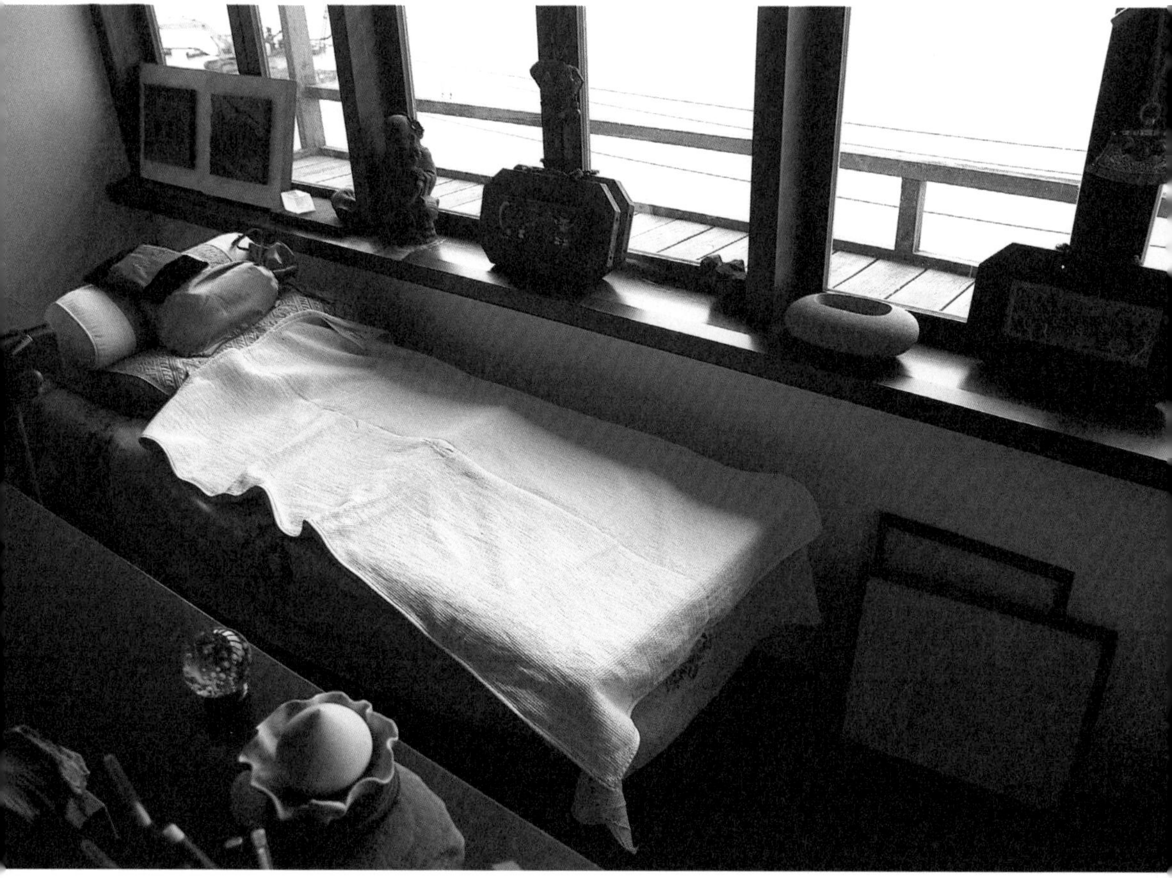

工作上的認真和專心，其實必須要有休息的時候。

我在台灣有很多朋友從事美術工作，他們都在自己家裡作畫。可是我發現巴黎大部分的畫家是將家和畫室分開的，因為他們覺得回到家裡就不要再去想進行中的作品，其實是比較健康的生活態度。

我特別要強調，過去我們常常覺得居住環境只想一件事就好，就是方便性。

像七〇年代賣房子的廣告很好玩，會不斷說服你買下這間房子有多麼划算，因為靠近市場、靠近車站、靠近學校、靠近醫院，靠近每一個地方……如果再惡意一點地想，最後好像應該靠近殯儀館，出生到死亡都很方便——當然這是開玩笑的話，我的意思是：一個家到底應該「靠近」什麼？

七〇、八〇年代賣房子的訴求以方便為主，但情況已經有所轉變了，現在很多房屋廣告的訴求是：打開窗，你可以看到一片山、或一條河……

大家的觀念已不同於以往。

像我，就越搬越遠。

從開始上班二樓通一樓，後來搬到台北東區近郊坐公車約二十分鐘的「翠湖新城」社區，再遷移到我現在已經住了二十多年的地方。

那房子在河邊，當時還沒有關渡大橋，我坐著渡船過河去買這間房子；我也很高興每天下班可以坐三分鐘的渡船回家，別人說這樣不會很不方便嗎？我覺得不會。我覺得上完班應該休息的時候，坐一段渡船，跟那個划船的人聊聊天，那是多麼開心的事。

這是我對家的解釋，家跟職場是有所分別的，你愛這個家，所以你願意回到這個家。

我觀察到現在很多朋友不願意回家，下了班覺得沒有地方可以去，所以也許泡在小酒館、或去卡拉ＯＫ唱唱歌都好，就是不要回家。家應該要

去經營，尤其結了婚，有配偶、孩子之後，你更應該回家，因為家是一個重要的地方。

如果這個家變成妻子不願意回來，丈夫也不願意回來，我想你絕對知道有一天你的孩子也不願意回家了。

我有很多二十歲左右的學生，很多人會覺得這年紀的孩子整天愛泡在迪斯可或電動玩具店裡，不想回家；可是我也知道有的孩子，因為家裡有母親或父親非常認真地經營著家，他們是願意回家的。

記得小時候我很願意回家，因為我母親永遠在那個家裡跟我講很美麗的故事，永遠在那邊編織很美麗的毛衣，做非常好吃的晚餐——我每次都意外今天的晚餐居然是這等模樣。

其實那個年代經濟條件不好，並沒有山珍海味，可是她可以將麵食變化萬千，每天回到家裡，沒有想到媽媽怎麼又把麵切成不同形狀出來。因為她關心這個家，所以這個家裡每一個人都願意回家。所以我相信居住環境的美，第一個是「願意回家」。願意回家以後，這個居住環境才會開始好起來。

我還會再深入來談談居住的品質，例如我們工作的環境、住家的環境，也包括整個城市的大環境。之前有一段時間大家只顧著弄好自己的家，造成外在公共的環境非常糟糕，現在我們可能也要注意到社區內如何共同經營出一個理想的社區環境，接著城市的公共品質也就會得到改善。相信慢慢地我們的城市會有更多的外國朋友前來，離開時會留下一句讓我們感動的話：

「你們的城市真美，我會再回來的。」

我相信有一天我們一定會贏得這句讚揚的話。

有一句古老諺語，相信很多朋友都聽過，所謂「各人自掃門前雪，休管他人瓦上霜。」

這好像是一個古老的教訓，每個人把自己門前的雪掃乾淨就好了，不要多管他人屋瓦上的霜。如果我們今天不管是生活在大城市或者小市鎮，每一個人都各掃各的門前雪，會是什麼樣的結局呢？

我舉一個例子，現在居住環境裡很大的一個難題就是垃圾的處理，如果按照這個諺語，我們把垃圾都掃到別人家門口去，只要自己門口乾淨就好，這個城市會變得十分可怕。所以我相信現在對於居住環境品質的認知，其實包含的不只是自己住家環境的處理而已；但是當然住家環境的處理是一個基礎，接著可以將其擴大。

所以在住的這個部分，生活美學希望能夠提升個人對自己住家環境的重視，就是你的房子不再只是一個房子，是一個家，是你願意回去的地方。裡面除了硬體空間以外，有你自己精心選擇的家具；這個房子的空間是你特別為自己或者家人安排的，也保有公共溝通的一些地方，這樣你的房子就是有人性的空間，而不只是一個硬體。

曾經去過一個有錢人的家，那房子非常非常的大，可能是我住屋的一百倍，可是在那驚人的空間裡，卻很冷，然後你也覺得住在裡面的主人可能不快樂，因為這棟花很多錢買來的豪宅，並沒有變成人性的空間，你發現這個空間當中，人跟人不來往，人跟人也不溝通。

因為房子大，每個家人都有自己的房間，裡面配備高級的音響跟電視。

我問這個朋友：

「你家怎麼沒有公共空間，屬於大家可以一起吃晚飯的地方？」

他就帶我去看那很豪華、吊著水晶燈、餐桌可以坐下二十多人的大餐廳。但是他跟我說沒有人會在這個桌子用餐，除非偶而開個 Party 。參加 Party 的朋友，也是匆匆來匆匆去。

我覺得他這個家，其實需要一個家人聚在一起的空間，否則家人變成這麼冷漠，就算房子再大再昂貴，最後也沒有心靈溝通的地方了。

我一再強調，房子變成家，是裡面有了人性的溫暖，那才叫做「家」，不然它就只是一個房子。一個房子就算非常昂貴，若是裡面沒有人住進去的溫暖，它就失去家的意義，我們也不會愛上它的。

美是幸福跟快樂

也許大家都讀過一本書叫做《小王子》，書裡面描述過這樣一個故事。

一個小孩看見一個房子很漂亮，回來就跟他爸爸說，那個房子很漂亮，前面有一個小小的花園，牆上都是藤蔓，七月的時候會有很多薔薇花爬滿整個窗台上，進屋以後房間裡面有什麼樣的家具，然後人圍坐在壁爐前面，火光非常的溫暖。他敘述了好長好長，跟他父親講這個房子多美多美，然後他父親很不耐煩的打斷他說：

「你告訴我，這個房子到底有值多少錢？」

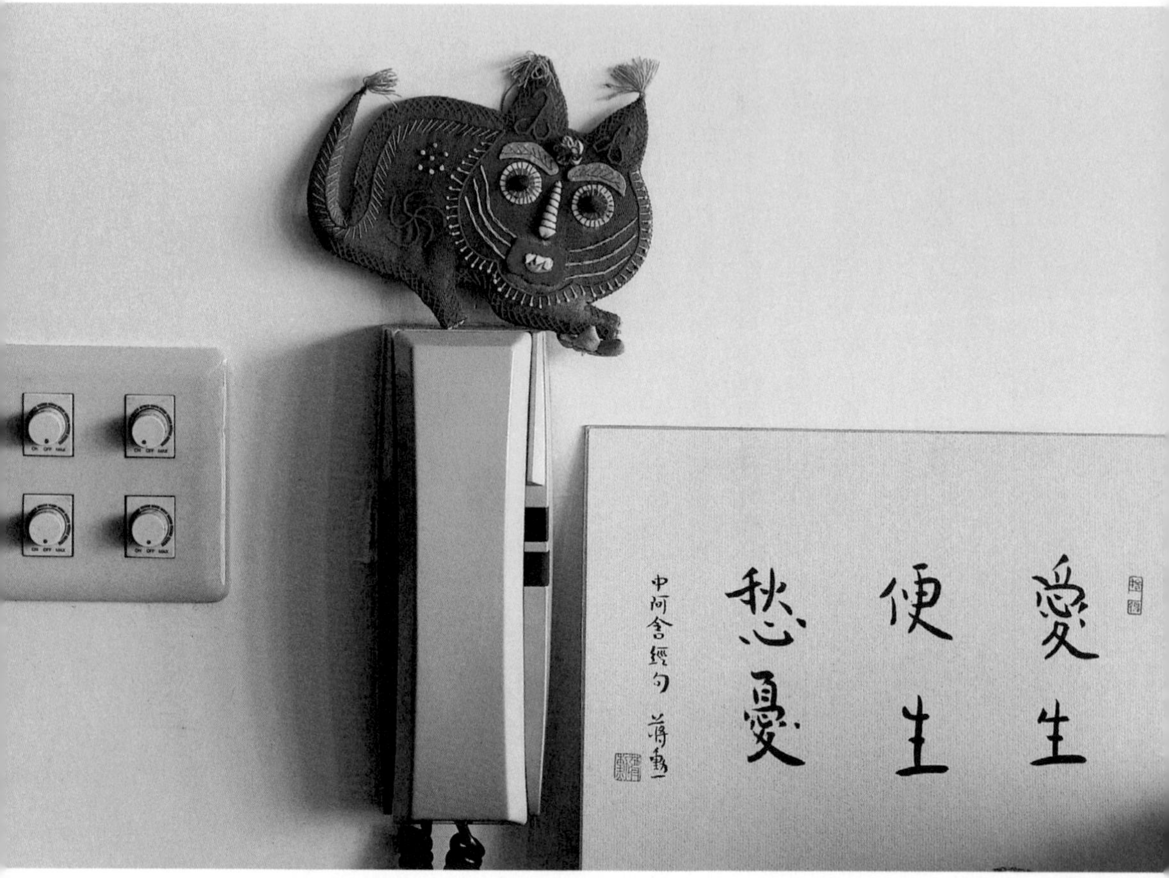
愛生便生愁憂
中阿含經句 蔣勳

很多人都被《小王子》這本書所感動，因為它對比出大人的價格世界跟孩子的美麗世界。

美並不是價格，你沒有辦法在美上面標示出它多昂貴，美是無價的。美也是你生命裡面的幸福跟快樂，我很難跟你解釋我的幸福能賣多少錢，如果幸福可以論兩論斤賣的話，就不是幸福了。

我相信家的溫暖也是如此，有一天如果現代人的生活已經忙碌、匆忙、冷漠到親子關係都不怎麼親密了，相信那個時候我們會覺得住進再昂貴的房子，都是巨大的遺憾，因為房子、家，應該是全家人的心靈空間。這是我們談到住的美學的第一步，可是同時我們也希望有朋友們今天已經經營了一個非常美麗的家，然後有機會邀請朋友來感覺到你們家的溫暖，也把這樣住的美學推廣出去，最後會變成一個社區的精神。

曾經有一些學建築的朋友，在多年前感受到台灣因為在工業化之後，人際關係越來越冷漠的狀況，他們就做了一個嘗試。

他們以建築工作室的名義發函給某一個都市一條街上的每一個家庭，大意是過一個月就是中秋節，你準備如何度過呢？是跟家人在一起嗎？你願不願意跟這個社區的人一起過中秋節？他們設計了活動，到警察局登記，那個晚上把這條街封起來，掛上很多工作室製作的紙燈籠，滿桌零食擺在樹底下，然後希望大家可以一起來過中秋節，把你自家的月餅、菜帶出來，跟你的社區鄰居一起來慶祝。

這是一個非常成功的活動，我在現場非常感動，我覺得雖然這件事情在今天台灣或許大家覺得還是很難推行，可是這種情況表示大家已經共同愛上這個居住環境了。也許社區中有獨居的老人，原本是落寞地獨過中秋，可是活動之後他會覺得整個社會是他的家、整個社區是他的家，這個時候我們的居住美學才會有可能真正地提升、真正地改善。

在生活美學裡談到跟我們息息相關的居住問題，應該如何經營一個有人性空間的家，如何與周遭環境的人產生人際之間的互動。這樣的課題可能已經不是建築專業人士的職責而已，更包含著每一個使用空間的人，怎麼去認識自己跟空間之間的相互關係。

二、三十年前台灣的經濟剛剛起飛，很多人開始從農村人口變成工業人口，從小市鎮轉移到比較大的城市居住的時候，城市的建築是非常興盛的，我想那個時候的房地產業，從世俗的角度來說大概是好好地撈了一筆。可是這句話也許蠻讓人傷心的，因為對講究居住品質的人來說，我相信土地、房屋都不應該是好好撈一筆的問題。

以前的房屋廣告除了訴求方便性之外，也會告訴你說房子的增值率會多高。

我記得那時我搬到一條河的旁邊，決定要住下來作為我以後的家、我自己的工作室時，就有朋友說：

「你這個地方是台北近郊最沒有發展的地區，增值率最低，既然房子不容易增值，為何要買下來呢？」

當然朋友是好意規勸，可是我心裡的想法是：如果我要經營一個家，我永遠要住在這裡，那麼增值或不增值有何意義？所以我想如果我們買房

碧相暉照灼雲霞
清惠風和暢仰觀

子時的考量，不是把它當成家，不是要經營出一個人性的空間，只是想有一天我賣掉後可以賺到錢，這樣的目的跟動機是完全不同的。

會不會在某一段時期，我們所有的居住環境都被誤導到買房子就是為了要增值、要保值，才會讓這個社會出現這麼多醜陋的社區、這麼多醜陋的房子，最後連去除都去除不掉。

許多外國友人到台灣會反映：

「你們的城市怎麼一點風格都沒有？」

我想這句話其實讓從事美學的人心中有點難過，就是我們的城市是不美的、我們的建築是不美的。

不知道大家記不記得，早些年台灣很多販厝的騎樓式建築，大概三到四樓高。它並沒有蓋完，水泥頂樓是平的，上面還有四根柱子，連鋼筋都露出來，表示說未來還要繼續蓋上去，所以你會覺得整個城市是沒有完成的狀態。

這幾年稍微好一點，都市規劃各方面也開始有了法規的限定，譬如建蔽率。

建蔽率就是一個房子跟另外一個房子之間留出適當的空間，建蔽率讓我們留有一點點生活空間，人不會被壓擠到心靈和生理都出現問題，因為當空間的距離不夠時，人際之間的磨擦會變得很容易，心裡的焦慮跟煩躁都隨之發生。

所以我們沒辦法解釋為什麼當一個社會富有之後，躁鬱病人反而多了很多倍，是不是這個居住環境本身根本沒有給你好的品質？我們在房子修建之初，沒考慮到周邊車子流量的問題，沒考慮到所有空間跟這個實體之間配置的問題，沒考慮到外面的高速公路或馬路的噪音該如何隔音的問題，所有視覺跟聽覺上的煩躁感，日復一日地累積，最後就要爆發出精神病了。

古人說過「飲鴆止渴」，就是你很渴想要喝水，結果別人給你的是有毒的水。

例如今天我是一個無殼蝸牛，想要草草率率趕快買一間房子。大概在七〇年代以後，台灣就有很多房子是非常草率地蓋起來，大家一定還記得所謂的海砂屋、輻射鋼筋，建商使用了不適合建築的材料來蓋房子，對人體發生許多的危害。房地產業中人性道德如此淪喪，可以為了賺錢把我們的居住環境破壞到這等地步。如果在這種狀況裡，我們怎麼談美？怎麼讓自己覺得一個房子可能會跟你有一生的關係？還想在其中結婚、生子，讓下一代繼續住下去。

希望安居樂業

這些年來，全世界都呼籲要保護古蹟。我覺得不只是台灣，全世界的古蹟都說明了一件事：過去人類在蓋房子時的心態，是希望這個房子能夠維持好幾代安居樂業。

像桃園新屋鄉范姜家族的百年古厝，你可以看到從渡海到台灣之後，這個家族長時間居住在這間古厝裡，所以他們在建築材料的選擇、空間的經營上，都以人做最大的考量，因為他們不是為了賣房子，是為了人、為自己的家族、為自己的後代，打下百年的根基。所以這些房子如果能夠保留下來，會是建築上很好的一課，讓我們知道以前人是在什麼樣的心情下建築房子，而我們今天的草率、隨意，最後對人會產生多麼大的傷害。

我想這些部分可能是我們在談居住品質、居住美學的一些比較深遠的意義，也希望很多朋友能夠真正開始從自己的家慢慢擴大，開始關心到整個社區、整個社會。

人類各種不同的文明在建築美學上的表達非常非常地明顯。譬如印度的泰姬瑪哈陵，代表了印度建築美學的巔峰。中國的紫禁城、長城或者蘇州的園林也都是建築，都跟環境周邊的設計有關。

很多朋友去過日本，我們在京都、奈良、或是大阪可以看到非常多座深受唐朝影響的寺廟，呈現出一種高雅和幽靜，從中體會到建築代表一個文化集大成的表現。

我相信很多人去巴黎一定會去拜訪聖母院、凡爾賽宮、羅浮宮，不管那些是教堂或宮殿，基本上都是建築，這些建築使用什麼樣的材料？築架起什麼樣的結構？建築出什麼樣的形式？完成什麼樣的空間？為什麼這些建築上千年來或者幾百年來，人們不斷地去學習，因為它們蘊涵累積了非常多人類生活的品質。所以你會羡慕古代的人生活在這樣的空間裡，他可以有這樣美好的生活。

除了教堂、寺廟、宮殿外，也包括對以往民居的研究，像林徽音與梁思成，算是在中國研究民居的最早一代。

我自己去過安徽民居，發現明朝、清朝在安徽居住的一般老百姓，竟然已經很注重生活品質了。我去拜訪在安徽黃山腳下幾個村落，小小幾百戶人家，一條小河蜿蜒流過。

每戶人家每一天要到河邊淘米，洗衣服，甚至要在這裡刷馬桶。我們知道淘米是為了吃飯、刷馬桶是清潔排泄物。在那兒，居住的環境有一些共同的約定，例如不能在上游刷馬桶，否則下游的人家怎麼辦？都不能用這個水了！所以在下游不影響環境污染的地方，大家可以清洗馬桶；上游水源最清澈，讓大家洗米或洗衣服。

我在那個村子裡有很大的感動，幾百年前一個小小的村落，都是小老百姓，可是他們會訂出一項生活品質的公約。再想想看我們今天，社區裡車子該如何停，垃圾該如何處理，處處都發生問題，其實最需要的是一份社區的公約，如果社區裡沒有一份道德公約，法律規定訂得再嚴也是沒有用的。

我們都聽過所謂的「路霸」，有人強佔家以外的空間，變成自己的停車位……，在這樣的狀況裡，就算城市規劃得再好，美感也都被破壞掉，因為大家缺少了共同認知的道德感。談到居住環境的品質，今天我們最大的難題，也許就是在這麼小小的島嶼上擁擠了這麼多的人口，個人空間跟公共空間很難做出明顯的區隔。

可是我想去過日本的朋友，絕對跟我會有同感：日本也是一個非常擁擠的地方，東京絕對不會比我們的城市來得空曠，也是非常擁擠，但我會被日本人的守法跟道德性所感動，就像他們排隊的秩序，以及每一個人遵守自己的空間跟他人空間的關係，那秩序是什麼？秩序就是你的尊重。

有時候我們會發現，居住空間本身是難度很高的教養練習。

日本的居住空間往往比台灣還要小得多。我到日本友人家裡，發現他們一家幾口人住的空間比台灣小很多，可是乾乾淨淨。有時候他們的院子小到只有一公尺見方，可是他會懂得在底下鋪著白石頭、種一支竹子，回家時看到那一支竹子映照在白粉牆上面，完全像一張水墨畫般，非常地美。

當時我就聯想到古老中國的建築空間裡其實有類似的手法，像蘇州園林，經常在白粉牆前種一支竹子，稱為「以竹為畫，素壁為紙」。樸素的牆壁當紙，以竹子作畫，竹影子打在牆上就是一幅畫，不必另外掛畫了，這些都是營造居住環境品質跟空間的方法之一。

我會希望自己開始重視住家環境後，就不要只是各掃各的門前雪，我們也要開始去幫助清掃別人家門前的雪，這個社區才會好起來。

我曾經居住在一個大學的宿舍裡，即使是那樣高級教育品質的區域，未必能夠解決居住品質的教養。常常有人晚上偷偷把垃圾丟到公共空間裡；在一個孩子玩耍的小三角空間，堆滿了垃圾。

可是，那時候就看到一位老太太每天早上在掃校園，她是某一位教授的眷屬，年紀已經很大，滿頭白髮。我就去跟她聊天，說：

「你幫大家掃地喔！」

她說：

「我不是幫大家掃地，我最近在練書法，就用掃把寫顏真卿的《大唐中興頌》。我把馬路當做一張紙，掃把當成毛筆，我每天在這裡寫顏真卿的字，在練功哪！」

我聽了很感動，她明明是在幫大家處理校園裡的髒東西，卻會用開心的方式說：「我在練功。」我相信這是非常不同的教養。

教養有時候是一種人性的反省，就是你活在這樣的空間裡，願不願意將這個空間處理好，讓自己跟別人都感覺到快樂，並且也影響到周邊的人。

後來大學裡一些年輕學生也認識了這位老太太，開始跟著她一起掃地，每個學生都說：

「我們跟老太太在學書法。」

這是很有趣的一個故事，其中讓我看到人性最美的部分。後來這個校園的角落，至少在他們每天「寫書法」的這個角落，你會覺得很乾淨，不再有亂丟的垃圾。

這是人性！你走過一個乾淨的地方，覺得地上這麼乾淨，就不敢亂丟東西；可是如果是骯髒的地方，大家心想本來就這麼髒了，再丟也無所謂吧！可是，我們能不能扮演一個把東西撿起來的人，而不是丟下去的人？如果地上已經有九十九張紙屑了，我撿起來一張，就剩下九十八張——但如果我再丟下一張，就變成一百張了。我覺得維護環境品質最重要的，其實應該回頭問自己，在這個環境裡我究竟扮演什麼角色？我能不能再多一點對環境的關心，使周邊的品質更加改善？讓我們每一個人對自己多做一點提醒吧！

讓你感動的建築

每一位朋友不管居住在大城市或者一個小的市鎮，散步的時候，不妨試看看你能不能在周邊環境裡，找出一棟讓你感動的建築。我說的建築，可能是民居、可能是教堂，廟宇或學校。如果有這樣的建築，你會覺得散步時繞來繞去很想走過它，因為那樣一個環境是讓你快樂的。

記得小時候上課，我會特別繞遠經過一座很漂亮的老廟宇。我覺得那座廟頂有很多彩瓷鑲成的龍跟鳳，還有呂布戲貂蟬這類交趾陶雕塑，裝飾得很漂亮。

走進中庭，幾盆優雅的蘭花盛開著。也會看到一位可能臉上有點憂愁的老太太在求神問卜，我就在想是不是她家裡面孩子生病了，或者孩子功課不好，她來這裡求心靈上的安靜。

雖然我經過這座廟宇再到學校是繞遠路，可是我會覺得那一天對我來說會比較安心。到現在我已經搬離那兒很遠了，有時候我會特別坐一個小時的車去探望我童年常常經過的這座廟。這座廟，我覺得它教我長大、教我什麼是人世間的關懷、教我什麼是愛跟恨、是跟非，它讓我知道人活在世間不會隨便動搖的，就是信仰。

人在國外也是一樣。

我就讀的巴黎大學離最有名的聖母院也有一段距離，

可是不管上課前上課後，我就會特別繞道過去看看那座距離我們快一千年的鐘樓。因為這個鐘樓，文豪雨果寫下《鐘樓怪人》，很多的小說和畫作都跟它有關。對我來說，這樣的建築已經不屬於物質面，而是一頁歷史、一個回憶、一種文化，是法蘭西這個民族整個精神上的美集大成的表現。

我也記得每一個禮拜天，大概在下午四點四十五分，我會不知不覺繞進聖母院，因為五點整鐘聲會響起來，古老的管風琴開始演奏巴哈的音樂……這些都是我在巴黎居住時的眾多回憶。

不知道大家會不會覺得這些記憶，其實來自於居住環境，裡面包含的不只是自己的房子，而是整個大都市空間裡非常非常多的人文品質。

現在很多父母處心積慮想把孩子送進最好的學校，覺得有些學校升學率高，老師認真，同學也都是來自比較好的家庭，於是出現很多間明星學校。我相信這是無可厚非的，如果我有孩子，也會做同樣的事。

可是不要忘記：學校只是孩子成長階段的一小部分；在家裡，你給孩子什麼樣的居住環境跟品質？他從家裡到學校所有走過的道路、看到的廣告、看到的商店，都構成居住環境的品質。這是為什麼我剛剛提到小學時附近一座廟宇，給了我很多的影響；我到歐洲讀書的時候，巴黎聖母院也給了我很多的教養。我稱這些教養為信仰，因為人類的信仰常常會表現在建築上，不管東方的寺廟、西方的教堂，都是一個信仰的空間。

我覺得當社會裡信仰的空間慢慢失去以後，大家就找不到心靈的重心了。

所以你會感覺到也許心靈的重心今天被別的東西取代了，可能是一座商業大樓，可能是一間超級市場或百貨公司，大家更崇拜的是對物質、而不是對精神跟心靈的信仰，這個時候人們可能會迷失在大賣場當中。

我們聽過在一個大賣場裡面，有個孩子躲在其中吃吃睡睡好些天，竟然沒有大人管他。當我讀到這個消息，我覺得這不只是他父母的責任，整個社會都要負責，我們怎麼會讓下一代迷失在大賣場當中？這個社會的心靈空間，到底出了什麼問題？如何才能重新尋找回來？所以我才認為大家應該跟周邊環境建立更密切的關係。

如果我們居住在一個大家都關心的社區環境當中，我相信人性的教養是比較多的。小時候有一次放學回家，我按門鈴卻未見到母親來開門。通常我回家時，媽媽一定做好中飯在等我的，當時我覺得很訝異。這時隔壁一位鄰居阿姨就過來跟我說：

「你媽媽今天不舒服，我叫她到醫院檢查血壓去了。她大概沒有多久就會回來，你先到我家跟我的孩子一起吃飯。」

我很懷念這件事，我覺得在我童年時候，台灣是有社區文化的。

我們都記得在七〇年代、八〇年代，台灣經濟起飛以後出現了「鑰匙兒童」：因為爸爸媽媽都忙著上班，放學回家無人應門，就為孩子打好大門鑰匙掛在他們脖子上，自己開門回家。我想這個時候由於經濟起飛，我們的居住環境反而受到了很大的考驗跟挑戰。孩子身上這把鑰匙說明了什麼事?說明了這把鑰匙要打開的應該是一個家，而不是一間房子。其實一把鑰匙，也是一個心靈的鑰匙。你給孩子鑰匙時可以告訴他，這把鑰匙可以讓你打開人生裡面非常溫暖的一些空間，而不是冷冰冰的、父母都不在的空間。

當我們在談居住品質的時候，是應該回到這樣的原點：居住品質，絕對是人性空間的發現，我們應該為社會多營造一些美麗的人性空間出來。

保存小鎮文化

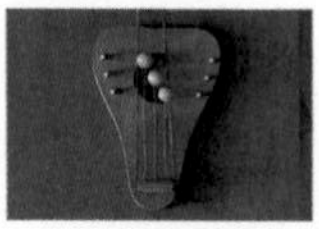

在生活美學「住」的最後一部分，我希望能夠提醒大家不要只是關心自己的房子、自己的家。一個人的生活空間，絕對不應該小到只有二十坪、三十坪，只是自己的家。當你把門推開以後，門外面的世界也都是我們居住的空間。

我特別希望大家能夠開始回憶自己去過的小鎮、一些小城市小鄉村，甚至是大都會，它們到底留給我們什麼記憶。

可能很多人去過紐約、倫敦、羅馬、東京、上海，我們稱做「大都會」。大都會的人口都超過四、五百萬以上，巴黎、上海可能已經超過一千萬人。會有這麼多人密集生活在一個城市當中，絕對是工商業發達以後產生的現象。

大家聽過一句話吧，所謂「條條大路通羅馬」，意思是大概距離現在兩千年以前，羅馬算是世界上最大的城市，約有一百萬人口。為什麼條條大路都要通到羅馬，當然是要解決這個大城市的交通問題。

羅馬最有名的古代建築之一，就是競技場，約建於公元一世紀左右。我一直認為羅馬競技場是人類第一個巨蛋，因為它是圓形建築，只有圓形建築才可能讓不同的人同時從不同的門進出，有效解決建築物周邊的空間環境問題。

大家下次有機會注意一下這座競技場，不管是去現場或者看圖片：建築物有三層，最底層設計許多的拱門，約有四、五十扇。

羅馬時代這個競技場常常有很多活動，譬如說人獸搏鬥或武士間的競技，可以容納的觀眾人數是多少？我想大家知道也許會蠻驚訝的，全部可以容納五萬人。大家想想看，今天不管在台北或高雄，恐怕都還沒有一個建築物可以放進五萬人。競技場的底層之所以設計這麼多的拱門，是要讓五萬人分別從四、五十個不同的門進出，所以每一扇門平均分擔了進出場人數，不會擠在一起。表演活動開始前的十分鐘左右，我們叫做「尖峰時間」，大部分人都會在那個時刻進場；如果建築空間沒有考慮到對尖峰時間的控制跟設計的話，同時到達的人士會立刻壅塞在入口處。

最近有一個朋友去勘察一個新蓋好的表演場所，設在大樓內的十一樓。我特別強調在十一樓，表示爬樓梯很耗時，大家必須搭乘電梯。可是這個容納一千人左右的表演場所，只配備一部容量五人的小電梯。所以我的朋友勘察時便計算著，如果晚上七點開演前同時有一千人要進場，大家排隊等待電梯上樓的話，電梯要上上下下多少次？但是如果不做計算，所有人就等在那裡，無法改善情況。

所以我想這裡面就牽涉到居住的空間品質，不只是自己的居家，也包含著我們所生活在這個都市當中，是如何設計規劃一切的。剛才提到的大都會，英文所謂Metropolitan，例如今天的東京，去過的朋友一定對尖峰時間東京捷運的擁擠印象深刻。大都會必須要用空間規劃的方法紓解所有的人潮，否則這個城市一定會發生問題。

我覺得高雄和台北人口眾多，也可以稱做大都會了，可是它們周邊所有的設施、都市的規劃，有沒有配合大都會的設計？

譬如說這兩個城市過去在沒有捷運的狀況下，並未設計出便利快速的大眾交通系統，於是人、車根本沒有辦法移動，塞車苦不堪言。所以現在很多大城市非常重視都市規劃，如果沒有完善的都市規劃，即使個人的家弄得很漂亮，也還是有所缺憾。

在這個單元裡，我們第一個強調先把自己的家整理好，你願意回家，你

有一個美好溫暖的家。

第二項談到，你能夠從自己的家擴大到對社區的關心，所以社區裡面垃圾不會亂倒，有比較好的自然環境，鄰里之間互動熱絡，這才是一個人性的空間。

在最後「住」的這一部分，我們希望觀點能夠擴大到一個大都市，我們跟這個都市都有息息相關的感情在裡面，並非只是把這麼多人放在一起，最後大家在這個都市裡都變得彼此陌生，甚至彼此憎恨。

我用到「憎恨」，也許有人會覺得話說「重」了一點，可是我的意思是，我發現在很多的大都市裡，人跟人是彼此害怕的。

七〇年代我要去紐約前，朋友一一警告我說，傍晚四、五點以後就不要走在街上，因為一定有人會來搶劫。還沒到那個城市，我得到的所有資訊都已經是恐懼的、害怕的；結果到了紐約以後，走在任何一個地方，看到任何一個人，我都心生防範，擔心這個人會不會來搶劫。

雖然這種感覺讓我很不舒服，可是我沒有辦法，因為大都市好像已經構成了人跟人之間一種排斥現象。如果是這樣的狀況，你即使把家弄好了、社區弄好了，最後都市的居住品質也提升不起來。所以我特別希望在居住環境的品質裡，大家能夠體認到居住環境最後的目的，是為我們締造一個美好的城市。

現代化的迷思

我們提到了城市、鄉村、和小鎮，好像過去我們對於這三者之間的區別，分得蠻清楚的。

不知道大家有沒有感覺到，這幾年在台灣旅行時，會覺得好像鄉村失去了鄉村的寧靜、小鎮失去了小鎮的素樸。所有的鄉村跟小鎮都急切地向大都市學習：弄滿霓虹燈，蓋起一棟一棟的樓房，人口變得很擁擠，最後好像整個的島嶼呈現出無人關心居住品質的現象。

我相信很多朋友去過歐洲、日本。日本有大都會東京、甚至大阪，你要玩最熱鬧的東西、看最現代化的建築，東京、大阪都有；可是我們不要忘記在東京、大阪的周邊，只要大概新幹線一個小時車程內，就可以到達幽靜的小鎮。

我常常跟朋友提說很喜歡大阪，飛機場的建築有特色又現代化，方便的捷運系統可以立刻載客到京都。我也很喜歡京都，這個古都擁有非常傳統、同時是在大化革新時從中國唐代學去的日本文化，所以有時候在中國大陸已經感受不到的唐代美學，反而在日本的京都感覺得到。京都就在大阪的旁邊，卻可以完全不去學大阪的現代化。

我的意思是，「現代化」三個字，會不會變成我們的迷信？

如果我們的小鎮，像美濃或鹿港，都急切地想要現代化，我不知道美濃最後會不會變成另外一個樣子？或者鹿港變成另外一個樣子？

當我走在京都街頭，感受到那些古老的建築、寺廟被保護得這麼好，你可以看到一些木頭牌子上用書法寫下來的警語，告訴你已經靠近清水寺，清水寺是一個多少年的古蹟，所以在幾百公尺以外，你就不許抽煙了……保護古蹟可以仔細到這種程度。所以走在京都，永遠感覺到一種文化的品質；你也感覺到這個現代化、講究科技、速度的日本，它有一個穩定的文化力量存在著，是在京都。所以大阪跟京都，相距不到一個小時的火車車程，呈現的卻是完全不同的城市風格。

同時我也喜歡從京都再搭車到奈良，大概半小時左右就到了。奈良是一個更古老的城市，日本聖武天皇接受當時中國鑒真和尚傳律受戒，就是在奈良，所以奈良還留下了一個非常有名的寺廟，叫做唐昭提寺，是當時的鑒真大師帶著弟子完成的寺廟，非常幽靜。

這樣一個小小的鎮，有這麼美好的古老文化在裡面。當我帶著川端康成的小說《古都》走在奈良、京都街頭的時候，你會感覺到文學豐富的美，因為這些古老的小鎮沒有被破壞掉。在這樣的小鎮當中，人們被鼓勵著用非常傳統的方式生活著。

如果去過京都的朋友可能會記得一些花間小路，非常漂亮的小街。

小街上有些店鋪，有賣紙雨傘的、旁邊是五金的打鐵舖、再旁邊在賣扇子、然後是賣日本草蓆掛簾的店，每一間小店都擁有傳統的手工藝。若是一家一家逛大概可以看一整天，所以那裡現在變成非常重要的觀光景點。

可是真正的觀光是對文化的認識——我們去了一個小鎮、去了一個小鎮的老街，然後在這個老街上可以看到傳統的生活方式，所以他們用最傳統方式做出來的那把紙雨傘，價格可以賣到很貴，下雨時我也不會拿來使用，我會把它放在一個牆角，變成我家裡非常美的收藏品。其實我們所看到的，就是傳統手工業可以在現代工業社會裡繼續存在著，並未被淘汰。

我覺得在某一段時間，由於迷信現代化，大家把居住環境裡很多品質完好的老東西全部都破壞了。

大概在七〇年代，有一次我跟朋友去鹿港，看到鹿港家家戶戶都在蓋新房子。當然這反映出經濟的富裕，所以一方面很為他們高興；可是也一則以憂，因為你看到原來蓋房子的優質老檜木木料被拆掉、被任意的糟蹋，原本的中庭、天井全部被破壞了，然後蓋起一些粗糙的三或四層樓的販厝，其實那是居住環境品質的惡質化。

同時我們也看到每一家開始流行買沙發。當時從西方學來的沙發技術不夠好，內裡塞得是不好的木料和稻草，價錢卻很貴。大家買進了沙發沒有地方放，客廳裡面就有些東西要丟掉，丟掉的是什麼？都是最好的紅木、花梨木雕花桌椅、八仙桌，就丟在街上。我一位朋友那時就常常對別人說：

「一百塊給你，你幫我運回家好不好？」

於是將這些被丟棄的桌椅全部收藏起來。現在看來他是有遠見的人，因為古董店這樣一張桌子可以賣到十幾萬，可是當時是這樣滿街丟出來被蹧蹋的。所以如果我們沒學習到好的美學品質，就會把沒有價值的東西當成有價值的東西，而把有價值的東西全部遺棄。其實談起這二、三十年台灣居住環境的變化，經常產生有很大的感慨，當然亡羊補牢，猶未

為晚，現在還來得及重新反省大家居住的品質，也可以及時作一些彌補。

倉廩實而知禮義

我們希望台灣經過了經濟起飛的狂熱期之後，能夠從不同角度來重新反省一下。我絕對不是要阻止經濟的發展，在社會的發展過程裡，如果沒有物質上的穩定感安全感，人們其實不太可能發展出「美」的感受。

古人所謂「倉廩實而知禮義」，儲存稻穀糧食的倉庫裝滿了以後，你才能教會老百姓什麼叫做禮，什麼叫做義，這是一個基本的論點。

我也絕對贊成一個社會富有之後才能夠美，當然現在感覺到台灣社會裡沒有太嚴重的貧窮問題，吃不飽飯、穿不暖衣服的並非多見。所以接下來就是：如果我吃飽飯了，如何讓飯吃得更精緻而不是亂吃，甚至不合乎營養學的規則。如果衣服蔽體或禦寒的功能已經達到了，我怎樣學會穿衣服的某些美學，讓穿衣這件事情變成更具備文化上優雅的品質，而不見得一定要去買非常昂貴的名牌。

同樣地，在居住品質上，如果太過強調買房子是為了保值，這樣的居所不容易好看，大家只會追求置產的投資行為。

我並不是刻意反對房子的增值，如果自己的房子忽然增值了，當然會很高興；可是在成熟進步的社會，基本上並不鼓勵炒作土地和房地產，因為這是全民的損失。

有一些業者可能在經濟起飛的過程當中，不法取得土地，趕著蓋出很多品質不良的住宅，雖然業者因此發了大財，可是卻把整個環境都破壞掉了。前面我們提到的像海砂屋、輻射鋼筋等，都讓我們直接感覺到居住環境的粗製濫造，受害的也是全民。所以在這裡特別希望我們政府負責都市計畫的單位，能夠為全民從更完善的角度來規劃大家的居住品質。

有些朋友可能知道，像美國的波士頓或法國的巴黎市內，有一些租金非常便宜的房子。我有一個朋友住在波士頓哈佛大學附近，算是很好的區域，他租處的房租就被規定不能漲價。

如果在台灣，一間房子的房租不能上漲，這個房東不就要跟政府大肆抗爭了？可是為什麼先進國家卻會制定出不准漲房租的規定？其實政府的目的是要讓一些老房子能夠維持下來，心存置產發財的人就無法從這些老房子得利了。

在巴黎購屋其實無法真正擁有土地，上海也是如此。

所謂置產是買到房子的使用權，約七十年或八十年。想一想，你買到一間房子，真的可以住上七十年、八十年嗎？

任何一間房子，也不過是我們在人世間某一段過程而已，有一天我們遲早會離開的。所以我會覺得如果人們有豁達之心，感覺到所謂的居住只是暫時一段時間而已，那麼因為我們暫時的居住導致大環境被破壞，其實是不值得的。

我認為居住的教育比食的教育、衣的教育都來得難，因為牽涉到人跟大環境的認知過程。所以我們提到了日本在大阪、東京這種大都會旁邊，還保有很多非常安靜、樸素的村落、小鎮，讓你同時看到不同文化品質裡居住的可能。很多住在像紐約、倫敦、巴黎等大都會的居民，假日時一定會離開都市到附近的小鎮度假去，盼望能重享小鎮裡安寧跟樸素的生活。

台灣已經實行周休二日，我們休假時可以尋得的小鎮文化，是不是已被破壞了？

像台北的周邊原來有一些非常美好的小鎮，譬如說大家一定會想到的淡水。

淡水原來是一個多麼美的小鎮，包括它的漁港風格、幾間廟宇與街道的關係、具備歷史感的紅毛城。可是憑良心說，我現在感覺不到淡水這個小鎮跟台北的差別，它幾乎被這個大都市的怪獸完全吃掉了。

我還記得童年時在淡水的小小街道跑來跑去，在每一條街道都可以看到港口的那種快樂，但現在已經找不到這樣的樂趣了。當然這幾年很多從事建築、都市規劃的朋友，還有社區運動的朋友們正努力地在搶救中，可是淡水和以往已經差別太大了。這可能就是一項不正確的都市規劃最後所造成的遺憾。

台北的周邊像汐止，已經變成了什麼樣的市鎮？再說到金瓜石、平溪、九份這一帶都離台北不遠，這些小鎮是不是在繼續被破壞之中？我要提醒大家，如果我們失去了這些小鎮，有一天都市這個惡行惡狀的怪獸將沒有地方可以喘一口氣。

所有進步的大都會，周邊一定需要存在著許多農村、小市鎮，以便紓解都市裡的緊張。如果大都會失去這類的紓解功能，遲早會出問題；而且城市居民的心理病症、精神焦慮，也全部都要發作了。

在居住生活美學的最後一部分，特別希望從大家的腦海裡喚起一些非常美麗小市鎮的回憶。

我相信今天你可能住在台北、高雄、或是新竹，可是你的童年或者青少年，未必是在這些大都市裡度過的。我現在很喜歡碰到一個新朋友時便問他：

「你什麼時候來台北的？來台北以前你住在哪裡？」

這時候你會聽到好多小鎮的回憶：美濃、鹿港、苗栗的三義，或者在中部的梧棲、清水……這些地名都是一些小小的市鎮，像清水，很好聽的名字，更早之前它叫牛罵頭……你會覺得這些老地名其實保留住一些古老的記憶，而這些記憶我們都在淡忘中。

可能在經濟起飛的過程當中，由於迷信著現代化，迷信著科技，所有的鄉村人口、小鎮人口一窩蜂全部湧進了大都市——大都市裡的人，其實是另外一種流浪漢。

我有時候跟朋友開玩笑說，回想起來，有時候自己好像在世界各大城市當中流浪，紐約、東京、巴黎、羅馬等地跑來跑去；因為大都市其實是

一種浮萍性格，你會覺得自己沒有根，飄來又飄去。

如果你是台北市的外來人口，可能你今年住三重，明年搬到永和，接下來搬到板橋，然後也許有一天你狀況更好一點，可以在東區買到房子，你又搬到東區；可是不管是那一個區，其實都不長久，也不是一個有根的現象。我覺得這是現代大都會一個共同的問題，人並沒有在其中生根，可是如果不生根，就沒有辦法對這個環境產生很深很深的愛。

從歐洲回來後有一段時間，我非常喜歡跟朋友去美濃，看到家家戶戶門口掛著客家傳統手藝：一種畫上花的竹簾，也看到穿著藍布衣服、優雅的客家老太太們講話非常有禮貌，我會覺得這是一個有教養的市鎮。

這些是在大都市當中人與人發生了陌生、排斥、或者防範的現象裡所沒有的一種狀態。所以你會發現小鎮裡面人人那種美麗、溫暖、親切，好像很容易坐下來吃一碗美濃的粄條，然後跟賣粄條的人就聊起天來，他也會很自信和得意地說：

「我很認真地做粄條，所以吃起來跟別家不一樣。」

這樣的人得到職業上的快樂，我覺得台灣正在流失這種快樂，流失人除了賺錢以外、另外一種人性自覺的快樂。賣粄條當然可以維生，可是他還有一種快樂，他的粄條做到很Q，他告訴你他有特別的方法，你吃的時候發出讚賞，他就產生一種職業上的滿足感。

我覺得我們正在流失這種滿足感，可是這個滿足感是從小鎮出來的，因為過去的小鎮多屬手工業時代，比較悠閒、比較不忙。

我一再提醒大家，「忙」這個字是「心死亡」了，心死亡的現象，基本上一定是在快速度的都市裡發生，不會發生在小鎮。

在歐洲或者日本這些比較先進的國家，都非常重視小鎮文化，所以法國最貴的起司、最貴的乳酪、最貴的紅酒，都是小鎮的產品，送到巴黎時，還引起巴黎人對於精緻文化的多樣反省。

我在巴黎落腳的蒙馬特街一個街口，有三家老店都只賣一種產品，就是法國傳統的鵝肝醬。從十七世紀創店到現在，這些店堅持用老方法製作鵝肝醬，價格極貴，可是每天都大排長龍。我想這是我所提到另外一種人性居住品質，就是在這樣的居住品質裡，你覺得這一條街有了一個穩定的力量，有了一個讓你安心的力量。

記得我們在講到食物的部分，也提到新竹城隍廟口的貢丸，大家去過幾次就知道哪一家是最好的，因為粗製濫造的東西在歷史當中會被淘汰，精心完成的產品會得到大家的讚揚。

現代化的城市靠什麼賣東西？靠廣告！

我花很多錢打廣告，讓大家來買我的東西，可是有時候你常常覺得那些廣告費貴得離譜，然後羊毛出在羊身上，最後轉嫁到消費者身上，可是品質並不見得好。

在一個市鎮裡，我相信大家心知肚明要買豆腐應該去哪家買、要買貢丸要去哪家買、要買米粉要到哪家買。

我不知道大家有沒有感覺到，小鎮文化因為有歷史，悠久的歷史會篩濾出真正的品質。可是在大都市裡，好像生意做完就互不相識，所以店家沒有這個責任感。現代商業城市當中，品牌須靠廣告來打響。小鎮的老字號靠口碑口口相傳，所以它有被尊重的人性品質與空間。

我們之所以比較小鎮跟都市文化，是希望能夠引發大家的注意，也特別期盼執政單位開始保護小鎮的文化。

老百姓不一定意識得到小鎮的可貴，他們看到的是眼前的利益。所以政府執政單位應該來做制衡，保護小鎮文化，否則整個城市都會被毀掉，大自然的環境也被破壞，最後受傷的其實還是全民。進步、成功的執政單位會多作反省，具備人文的教養，不會鼓勵老百姓一味短視近利，殺雞取卵。

【肆】

行之美

如果從誕生到死亡是一條高速公路，
那麼我寧可另闢蹊徑。
人生只有一次，
我為何要那麼快開完全部的路程？
我覺得可以慢慢地走，
每一段過程、每一分、每一秒，
都可以停下來做一點觀看、
做一點欣賞。

合乎美學規則的「移動」

在一系列生活美學的討論裡，我們談過食、衣、住三個部分，現在進入到最後一個階段，就是關於行的討論。

我們談到如何能夠在生活裡讓自己吃的更美一點，不只是用食物餵飽自己而已，同時設法使食物更精緻更美好些。衣服除了禦寒或者蔽體這些最基本的功能外，也希望對它們的材質、剪裁都能夠更瞭解更講究，穿在身上產生出個人的生命風格，如此才構成美學的條件。當然除了食跟衣之外，我們更強調的是在居住品質上設計自己的家，增添生活的樂趣。很多的朋友因為家草草率率布置居所，或者釘上很多鐵窗，好像把自己關在監獄裡一樣，結果就愈來愈不想回家了。所以我想如果能夠把居住的品質改善得更好、更具備美的條件，家的溫暖就會產生了。同時還有一點也很重要的，是能夠把個人的家庭美學擴大，成為整體的城市美學。

現在有很多朋友都居住在城市裡，在其中上班、居住，可是心裡卻一直會有想逃開的念頭，很想到有山有水處去住去度假，好像我們是不得已才留在城市裡似的。我想若是大家都想逃開這個城市，這裡將永遠不會有改善的一天。

我們應該去愛自己的城市，瞭解我們和城市是息息相關的，瞭解我們除了將自己的屋內空間安排妥當外，打開自己的家門後所踏入的公共空間，其實就是城市的開始。

有些朋友家裡的擺飾非常講究，擁有名牌家具、漂亮的酒櫃書櫃、以及高級音響等，可是他們屋外樓梯間屬於公共空間的部分，卻橫七豎八放滿鞋子或堆放雜物，這個情形好像也變成台灣公寓居住品質的一個特色。去過歐洲、美國的朋友大概會知道，那裡很少有人會把公共空間變成一個骯亂待處理的地方。

身為城市居民的我們，應該發展出公共空間的道德感出來，清楚明白公共空間該如何來使用。現在一些比較進步的社區會安排美麗的花圃及一些運動休閒的空間，於是社區居民不必每天悶在屋子裡，下班後還可以帶著孩子在庭院當中散散步、走一走，跟鄰居聊聊天，建立起互動親密的鄰里關係，我相信這也是城市美學一個新的開始。

在提到了城市之後我們立刻發現，現代化城市中一項很重要的美學教養，其實跟「行」這個主題頗有關聯。

我們所居住的這個島嶼人口大量密集到城市中，開車族越來越多，一段時間後好像每個人談到這些大城市的交通都覺得行不得也，老被塞在路上；還有個難題是停車位難求，大家繞來繞去可能一個小時後還找不到位子，於是生活的品質、心情的焦慮，都因為行的阻礙而發生了。

所以我覺得談到「行」的部分必須牽連到前面提過的城市美學，也就是說城市美學除了將居住環境的品質提升之外，同時也得規劃設計出人在城市當中的移動路線，否則交通部分就會發生阻塞，好像我們的血管被堵住一樣。

近代的西方城市在規劃城市整體社區時，認為交通部分是非常重要的一環。可是在這裡，不知道是不是房地產開發案的許多法規問題、或是政商之間某種不正常的關係，你經常發現一個上千居民的公寓大樓社區，對外聯絡道路卻只是小小一條馬路，這種現象就是沒有把行的問題考量在整個居住品質當中。而「行」的暢通，絕對是決定城市美學的重要因素之一。

一個城市中如果大家開車塞成一團不能動彈，大概沒有辦法談到「美」這件事吧！

人們會因此開始吵架，一點點小擦撞便立刻到車後的行李廂拿出武器來威脅對方。這樣的畫面在城市中並不少見，也使你覺得大家性格變得暴躁、心情變得焦慮起來，人與人之間開始產生排斥跟仇恨。

有時候我會想：是不是我所居住的城市人口實在太多，才會在行的方面出現這麼多不美的現象？可是我們的城市也不過就三、四百萬人，像東京、紐約、巴黎這些人口一千萬以上的都市，行的美學並不見得比我們差。至少在我所熟悉的巴黎，就規劃了完善的散步空間和自行車步道，我甚至看過提著公事包、踩著滑板去上班的巴黎人，那個畫面讓我大為驚訝，原來在這個城市中，「行」這件事情不見得只有開車而已。其他城市的發展也許可以當成我們思考未來的參考，也希望台灣的城市將來在行的規劃上能夠更通暢、更合於美學的規則。

交通工具改變空間感

我們提到了巴黎、紐約、倫敦這些工業革命以後較早發展的大城市，現在的人口大概都在一千萬到兩千萬之間。工業革命以前沒有蒸汽機、沒有汽車、火車，人類的步行空間範圍非常狹小。

我常常提醒朋友，如果你想瞭解老城市步行空間的格局有多大，看一看台北市的老北門、西門町的西門、還有東門、南門，將這四個城門連起來，就知道老台北城的範圍，你會驚訝原來台北市以前這麼小。以前大部分人沒有交通工具，出外全靠步行，貴族或有錢人才可能騎馬或者駕著牛車，可是牛車的速度也很緩慢。所以在當時，城市的比例跟空間都不會太大。

各位朋友如果去巴黎旅行，會覺得這個城市大的不得了，從中心點坐捷運一、兩個小時以後還在大巴黎的範圍當中。最早的巴黎有多大？大家知道有一條塞納河，河當中沙洲上的聖母院是著名的觀光景點。聖母院所在的島法文稱作Cité，就是英文的City，島周邊有一圈圍牆，這個範圍就是最早的巴黎市。你會不會嚇一跳，原來最早的巴黎是這麼小！可是隨著工業革命，這個城市擴大了好幾百倍，因為蒸汽機使得交通工具的速度加快，我們整個空間感完全改變了。

大約在一八三二年，巴黎開始有了火車，有一個畫派與這項交通工具很有關聯，就是大家很熟悉、常常聽到的印象派。

印象派中代表性的畫家莫內有一幅作品〈聖拉薩火車站〉，曾經來台灣展覽過，場景就是巴黎聖拉薩火車站內，一個冒著黑煙的火車頭向前直衝過來。印象派可說是第一代享受火車這種交通工具的畫家，他們覺得火車好美，連聞到火車噴出來的黑煙都覺得很興奮。我們今天大概很少會有人跑到火車站去聞火車的味道，可是當時他們覺得火車帶來了一種快樂，這個快樂就是速度感，讓你有空間擴大的感覺。

所以工業革命最早帶來交通工具的改變，使得人的心情發生非常大的變化。

再舉一個例子，很多朋友大概都知道台灣早期民謠的曲調都非常悲哀懷舊，因為台灣是移民的社會，歌曲調性會有流浪、念家的味道。不過大家也一定聽過蘭陽平原一首民歌〈丟丟銅〉，這首曲調中會聽到火車的聲音，那是因為日本人統治台灣時打通了整個蘭陽平原的隧道，設立最早的小火車，所以你唱這首歌的時候，能感覺到火車「七嗆七嗆」的節奏感，似乎心情也愉快起來。所以交通工具帶來行的方便，同時也改變我們的心情，改變我們整個人類在城市當中移動的速度、空間感，跟某一種精神的狀況。

但曾幾何時，大家沒有想到我們原來所歌誦的、莫內特地入畫的交通工具，卻可能帶來新的麻煩：大量人口開始湧進都市，讓城市居民不斷暴增。很多朋友可以回想一下，七〇年代以前的台北市，總人口可能不到一百萬，現在則增加了好多倍。我在台北市常常喜歡問人說：

「你是土生土長的台北人嗎？」

你會發現在這兒土生土長的人很少，大部分是外來人口。

還有一個情況，是交通工具方便以後，我們看到所有交通工具的設計，全部以這個城市的中心點作為起迄點。譬如以巴黎這個首都作為中心點，便設計出一個有趣的蜘蛛網狀交通網，不管從法國最西南邊的波爾多、最南的馬賽、或東南邊的亞維農到巴黎都非常方便，因為都有直達車。可是相反地，想從西南邊的波爾多到正南邊的馬賽卻還須要轉車，但這兩個城市的距離其實比較近。我的意思是，這樣的交通設計使整個首都的人口密集起來。

但是交通方便現在其實也帶來很多的問題，所以法國人在反省之後開始重新規劃交通網絡，譬如在小鎮跟小鎮之間進行橫向的連接，而並不是所有路線都通向巴黎，因為巴黎快負荷不起了。這幾年我們看到南部的里昂變成一個新的交通站，計畫成為南部的交通網之中心點。我相信這是因為西方在工業革命之後發展得比較早，問題也較早浮現，所以都得到了解決。

我常常覺得本地的工業革命、商業發展都比較晚，可是並未去借鏡西方進行早一點的規劃和預防，結果今天台灣的都市塞車非常嚴重。巴黎在七〇年代已經有一千兩百萬人口，可是街上沒有塞車的現象，我相信原因之一就是捷運。巴黎捷運已經有一百年的歷史，而且已經往地下發展到第五層了，即使是地下他們也有巨大的城市規劃。所以我認為「行」的美學，必須要對城市規劃有非常宏觀的遠見，不然就永遠在挖馬路、修馬路，為了拓寬路而打掉人行道、拔掉百年老樹。沒有百年大計，怎麼拓寬道路也是不夠的。

需要百年大計

談到行的美學，我相信很多人都會皺起眉頭，大概都感覺到每天開車上下班塞車的焦慮，與找不到停車位的痛苦。不知道在這樣的狀況裡，如果帶著大家一起來回憶人類交通工具的發展，會不會太不切實際？

想想看，最早的古人移動是靠走路，步行本身有節奏和速度，即使再急，步行的速度也加快不了多少，而在緩慢的步行當中，人可以瀏覽很多事物。慢慢地古人懂得去控制馬、牛等動物，移動的速度又加快了很多。

大家知道中國古代有所謂的驛站，就是養快馬的地方。傳說楊貴妃很喜歡吃荔枝，從產地廣東要如何將新鮮的荔枝送到長安城去？就是透過驛站一批一批更換快馬維持速度，所以這個美麗的女人在皇宮裡享用早餐時，能夠吃到帶著露水的荔枝。由此可知，唐朝的交通工具速度已經很快了。

還有一種交通工具叫做布輦，像武則天很喜歡從長安到河南洛陽去觀賞牡丹花，所以常常住在輦上。這是一種大車子，上面有衛浴設備、餐廳等，武則天也常常是在輦上辦公的。我想她是一個很愛旅行的人，就算在今天，從陝西的長安到洛陽的距離也蠻遠蠻花時間的，可是她常常待在輦上來往於兩地之間。

另外有種交通工具可能現在很多朋友不常想到，人類過去經常使用的交通工具就是船，因為我們過去的居住環境常常跟水有關。

法國塞納河一直到現在還在走船，某些河域還有所謂的水村，就是在那兒大家不是買房子來住，而是買一艘船。

有一次，我在淡水河邊的八里碰到一對法國夫婦，我跟他們講法文時他倆嚇一大跳，心想怎麼會有人跟他們講法文；我說我也嚇一跳，你們怎麼會跑到八里來？那對夫婦說他們是建築師，因為在法國訂遊艇很貴，台灣的價錢比較便宜，所以他們就跑到台灣來住了半年，自己畫設計圖，督工做好一艘遊艇，完工之後就開著這艘遊艇走水路回法國去。

我聽了以後覺得像神話一般，可是也忽然想到：我不是住在一個島嶼上嗎？島嶼不是四面環海嗎？怎麼我從來沒有很多搭船的經驗，頂多是到新店的碧潭划划船而已。

我們的海洋和河流其實可以走船，但為什麼我們想到的交通工具都是車

子，都是不斷開挖馬路？為何沒有更早開發這個藍色公路？是不是跟過去的海防有關？是不是我們對海洋根本沒有經驗？

我好幾次拜訪希臘，通常人到雅典就上船往愛琴海開去。晚上就睡在船上，會有一些課程提供第二天所拜訪小島的歷史背景及神話故事，等到黎明靠岸後我就到島上遊玩。這種環地中海的遊船行程，一走就是十來天。

台灣的交通規劃為什麼沒有想到船的部分？我相信我們絕對可以往這個方向發展。我坐過來往於台灣本島跟澎湖之間的台澎輪，可是一天也就只有一班，它其實可以變成更頻繁的交通工具，因為我相信這個行程當中能夠包含著交通的美學。

大家會不會覺得在船上看到的景象跟坐火車、開車是不一樣的，我看過最美最美的高雄落日是在台澎輪上，三點鐘從澎湖上船，進高雄港時正好是黃昏，那時海上最美的晚霞景象我一輩子都忘不掉。

所以我會覺得交通帶來的美學常常給人很大的感動，尤其是海島，其實可以藉助交通工具發展出豐富的美學規則出來，也許是步行、騎馬、船、車子等，都內含著不同美的感受跟節奏。

老電影裡我們看到以前人在碼頭送別時，會從船上丟下一根紙線和碼頭牽繫著，隨著船慢慢離開時那根線就斷掉了。電影〈鐵達尼號〉就有這樣的鏡頭，離別變成一種美學，一種人跟人告別情感的方式。

我自己經常跟很多朋友提到，一九七二年我離開台灣第一次出國的時候，還是從松山機場出境，全家人都來送行，我脖子掛上好幾個花圈，然後一直拍照，所有的人都哭成一團，就覺得這個人以後再也回不來似的。那時我們也會覺得告別這件事情有一個儀式，好像有很多的捨不得。現在大家可以常常出國，根本不當一回事，似乎也缺乏一種真正告別的情感。大家一定讀過〈陽關三疊〉這首告別的詩：

渭城朝雨浥輕塵，客舍青青柳色新；
勸君更盡一杯酒，西出陽關無故人。

古代因為告別的過程比較緩慢，很多朋友、夫妻之間的情感，都會在告別時呈現出來，我想這是行的美學留給我們很優美的文學作品。

可是現在事物的速度越來越快了，我們在追求快速度的同時，往往忘掉了保有一種心情。有時候我到日本去，從東京到京都會故意放棄新幹線而坐慢車，當火車一站一站停下來，我會覺得每一站的月台和地名，都給我全然不同的感受。這樣的經驗讓我體驗到：當可以快，但你可以選擇慢的時候，這才是一個行的美學。

有時候我會對朋友說：

「既然你平日開車惹了一肚子氣，周休二日時你可不可以放棄開車，去走一走路？」

我覺得其實「行」可以改變我們很多的心情，它讓你覺得生命並不是從生到死要拼命趕路。

我們為什麼要一直趕路？

我們為什麼不停下來？

我會跟很多朋友說，我最喜歡的一種古代建築是亭子的亭，它就是告訴你不要再走了，你「停」下來，因為這裡風景很好，你看一看風景吧。所以特別注意一下，速度快，並不是進步的行的美學。現代歐洲在工業革命之後開始反省，於是設計出多樣的人行步道、腳踏車步道出來，反而鼓勵大家不要開車，也成為一種新的美學觀點。

幸福世代

人類的交通工具顯然越來越快了，從最早的步行、到騎馬、坐轎子、坐牛車；工業革命以後產生了蒸汽機推動的汽車、火車；一直到現在日常生活中的輪船也好、飛機也好，都可以在非常非常快的速度裡，把我們送到想去的地方。於是一年當中，我可以一下飛巴黎、一下飛東京地到處去旅行，覺得自古以來沒有一個世代這麼幸福，可以在短促的一生當中同時擁有這麼多生命的不同經驗。所以我認為其實應該感謝科學，是科學給我們帶來全新的交通經驗、全新的速度感。

可是同時也不要因為交通工具的改變，而盲目地追求速度感、盲目地追求一種空間的改換，最後也可能變得更為茫然或者一無所得。

有時候看到朋友想在假期中規劃旅行，這種想法當然無可厚非，因為平常上班忙碌，總希望能藉此逃開，轉換不同的生活經驗。可是我想很多朋友都應該有這樣的經驗，參加到奇奇怪怪的旅行團，到當地之後各式行程像趕鴨子一樣拼命地趕時間；回到家的時候，可能自己都在懷疑到底有沒有去過那個城市，因為印象非常淡薄。

我特別舉一個例子。七〇年代後期我在巴黎讀書時打工擔任當地的導遊，那時台灣經濟起飛，開始流行出國旅行。不過當時的歐洲旅行團經常安排一個月玩十八個國家，大家馬上可以算得出來，三十天玩十八個國家，每個國家平均待不到兩天。

那時我是巴黎的地陪，早上到機場接團，他們可能從荷蘭或羅馬飛過來，然後我必須在車上很快地做City Tour，用半天時間介紹巴黎。他們連下車的機會都很少，我講左邊風景，他們頭就看左邊；我講右邊，他們的頭就看右邊。我從後照鏡裡看到來自故鄉的這些人時，其實產生出一種同情，我真地很想仔細地為他們介紹巴黎，可是時間實在太短促了。

到艾菲爾鐵塔前，我在車上盡量說明相關歷史，到達後讓大家下車拍一張照片，五分鐘以後就上來，他們就衝下去然後再衝上來。

進到羅浮宮，那裡收藏幾十萬件藝術品，可是我們只能看三件，就是米羅的〈維納斯〉、達文西〈蒙娜麗莎的微笑〉，還有希臘〈勝利女神像〉。這三件藝術品擺放的位置距離很遠，所以你就看到一個團體在羅浮宮裡面小跑步，到目標物之一趕緊拍一張照片，接著說：「走！再看下一個！」

忽然我會覺得這樣的旅行、這樣的速度感、這樣一種所謂對美的「貪婪」

……對不起！我用了「貪婪」這個詞，因為我覺得好像來不及要看更多、更多東西的時候，其實有點像填鴨的方式，什麼都沒有消化。

我們當然感謝交通工具，幫助我們可以更豐富地認識這個世界，可是不要忘記，不要變成交通工具的奴隸！

在安排假期時，可以安靜下來多做一點思考：我是不是要跟大家一樣去湊熱鬧？

周休二日的時候，你會發現某些城市邊緣的景點擠滿了人，所有人最後回到家裡灰頭土臉，也抱怨連連，看到的就是人頭，看到的就是垃圾，然後小吃攤都擠得滿滿，不但沒有放鬆五天工作下來的疲倦感，反而增加了新的焦慮感。

我會覺得周休二日如果想要「休閒」

的話——你一定要注意到：「閒」是一種自足的、充滿自我選擇性的滿足感。有時候我會選擇不去遠地，就在自己住宅的周邊散散步、走一走。有時也到台北市區，慢慢發現最美的台北市可能是在星期日，因為所有的人都跑出城去，我看到一個這麼乾淨悠閒的台北；我可以在仁愛路上、敦化南北路上散散步，看到所有路邊的木棉花開得很好、杜鵑花也開得很盛。

這個時候我就會覺得，其實所有的美學都在於自己的心境！如果我們的心境沒有辦法維持一個比較悠閒的狀況，那麼食衣住行擁有再多的物質性的改善，並不見得就會帶來滿足感。所以也祝福很多的朋友，當我們提到「行」的時候，特別注意一下人們如何在擁有最快速交通工具的同時，仍保有自己永遠可以緩慢散步的心情，這兩種情況其實互不衝突。

我希望台灣擁有更快速的高鐵、更快速的飛船、更快捷的交通網；可是同時有一天，我仍然會選擇慢慢地走在一個城市中，去欣賞這個城市。因為如果不處於步行的悠閒當中，我將只是匆匆越過這個城市，而沒有欣賞到它的美好。

相信很多朋友對於行的生活美學，可能不像食、衣、住三者容易理解。我們總覺得要吃得更講究、穿得更講究、住得更講究，跟美學的關係好像比較密切些；其實在行的講究上，所指的主要是維持你自己身體的速度感。

速度感是非常奇妙的事情，人類從最早的步行到各式交通工具的出現，我們看到人們的速度越來越快，這是我們希望能夠在短暫的生命當中，擁有更多的空間或者認識更多事物的願望，這個願望也是人類文明進步的一個原因。

現在各個先進國家在發展高科技的航太事業，也許不久的未來我們可以到月球或火星上旅行。我們會發現對於一、兩百年前的人類而言，到月球或火星可能是一個空洞的夢想，可是現在經由科技帶來速度的改變，夢想已經越來越成形了。所以我們必須承認這種速度的改變，是文明偉大的進步。

我們在談行的美學的時候，其實跟前面食、衣、住的討論有共同的規則：美是一個自我的選擇。

如果你前面一大堆食物，你無所選擇地吃到飽，就絕對談不上所謂的美學品味，看到一個人大吃大喝貪婪的狀況，我們只會嘲笑而不會讚美。同樣在衣的部分，一個人有能力買到所有昂貴的名牌全堆在自己身上、掛滿所有珠寶或者各種配件，這樣未必是美的；我們相信現在有這麼多珠寶、這麼多服裝讓你選擇，而你最後選擇很適合自己風格，樸素端莊的服裝，可能才是美。

所以我們一再強調，美是一種選擇，甚至是一種放棄，而不是貪婪。

當許多東西在你面前時，你要有一種教養，知道自己應該選擇其中的哪幾項就好了。

住也是一樣，我們看到很多人的家具、擺飾非常昂貴，堆到家裡幾乎沒有空間。其實可能少，才會變成一種美。

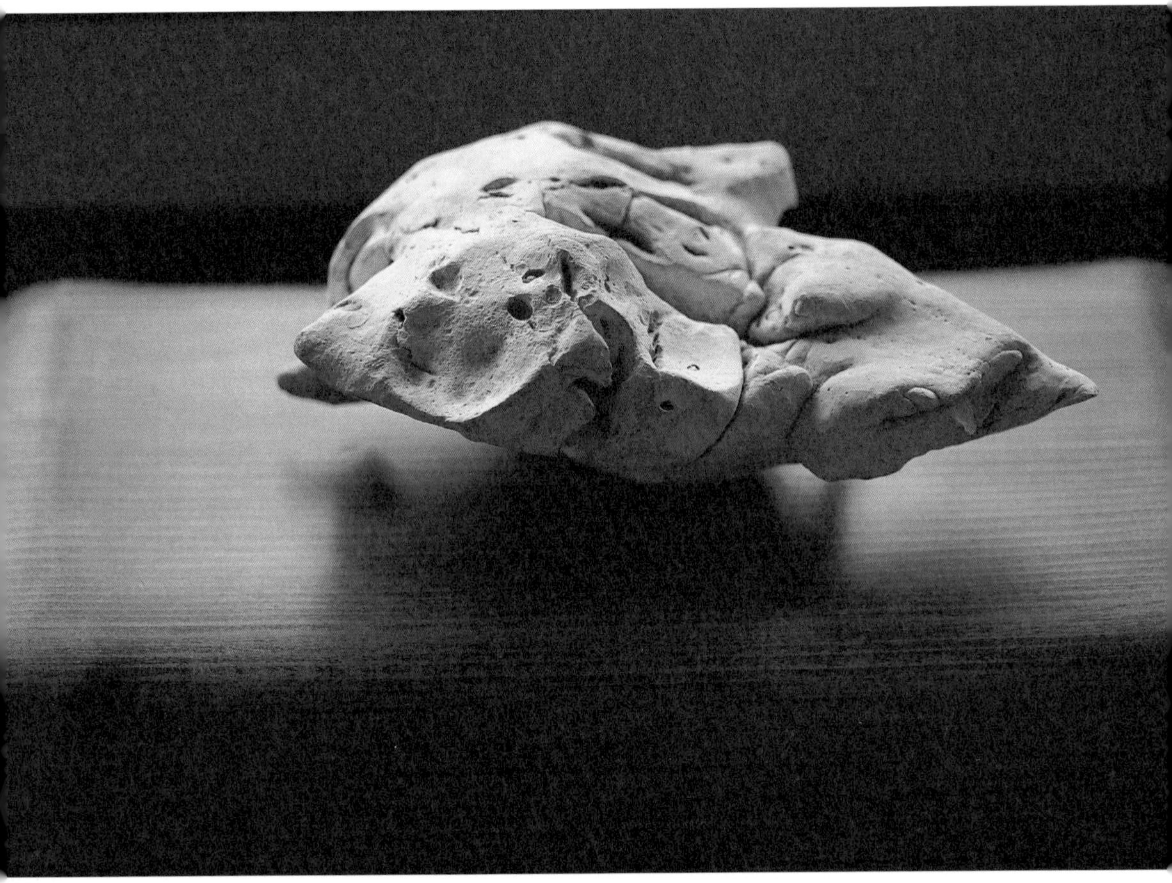

我們在談住的部分時曾經強調過，居住品質最重要的一個部分是空間，所謂空，就是不塞滿；因為不塞滿，你才有活動空間，反省跟思考的生活品質也才可能會出現。所以在食、衣、住當中，我們都強調的不是「多」，可能是「少」。

這樣的原則落實在行的品質的時候，我們也會跟朋友強調：現在你擁有高科技給你的各種速度的快感，「快感」這兩個字其實是雙關語，一方面是很快的感覺，一方面是很爽。可是我們知道「爽」這個字跟美常常是對立的，感官上爽的時候，常常會不美。我們在食、衣、住三方面很爽，很可能裡面有一點物質氾濫的元素。行也是如此，像年輕的朋友會對速度產生狂熱，在筆直的馬路上飆車，飆車得到的快樂，我們稱為快感。

我們也一再強調，近代的美學總是提醒我們快感並不等於美感，為什麼？因為快感是感官刺激，這個快感可以有剎那的爽，可是結束之後往往會產生落寞跟空虛的感覺，那種空虛會變成無法彌補的黑洞。

心靈上真正的荒涼來自於太多的快感，就是你不斷地在口味上刺激自己吃到飽、在衣物上滿足、或者在居住條件上買更昂貴的房子，不斷地投資賺錢，其實這種爽的感覺未必是美感，而是快感。所以在康德的美學當中，最重要的一部分是不斷地去分別「快感」跟「美感」的不同，提醒我們快感無論如何刺激、感官如何刺激，都不等於美感，也不會產生美感的效果。那麼美感是什麼？

有時候，美感，反而是在大家都快的時候，你慢下來了。

人的文明發展真得很奇妙，一方面在追求越來越快，可是另一方面又會逆勢地反省，認為是否可以不要那麼快。所以我相信這是兩面的情況，就是我今天可以吃到很多的東西，可是我最後的選擇是吃得很少，這時美的經驗才會產生，因為我們是自己的主人，而非物質的奴隸。

如果擁有一部車，最後自己變成車子的奴隸，每次開車都是一肚子氣、沒有停車位、永遠塞車、一出去就跟別人擦撞，我想這樣你也許可以反省一下：我是不是一定要追求速度的快？是不是有可能至少一個禮拜有兩天，在周休二日沒有那麼忙時，我可以選擇騎腳踏車或步行，我不要這麼快，我相信這就是一個行的品質。

在西方，最早工業革命的國家都開始對行的品質做相當多的反省，我覺得台灣這個島嶼下一步最急切要做的，也是這方面美學的思考，就是我們不一定要永遠往前衝，可能可以稍微慢一點點——緩慢也許是美學品質建立的開始。

調整身體的速度感

大家不妨給自己一個機會，在不那麼匆匆忙忙要趕去上班或者上學的時候，去體會不同的速度感，譬如說步行、譬如說騎腳踏車。有時候覺得在我自己所居住的城市裡提到步行或騎腳踏車，好像變成非常奢侈的事情，是不是在七〇年代工商業發達以後，這個城市所有的人都衝！衝！衝！忘記其實慢下來，可能是另外一種品質。

可是當今天要慢下來的時候，你遭遇到兩種困難：一個困難是在外在客觀交通的設計上，沒有提供慢下來的可能。有時候你走在街上想慢下來都不行，因為後面的人會推著你走。

記得在七〇年代去紐約時，當時它是全世界最大的城市。走在曼哈頓那個區域，你就會覺得根本沒有辦法停下腳步來，因為後面每一個人走路都有一個速度跟節奏，都是在往前衝的。曾幾何時，我回到台灣發現台灣也變成如此，甚至在西方很多社會開始反省嘗試漸漸慢下來的時候，台灣還在繼續往前衝。所以我提到第一個慢下來的困難，是外在的整個設計出了問題。

第二個困難是我們自己心理的節奏。我常常會覺得一個朋友經過五天繁忙的上班，在一個交通設計環道不太好的社會跟都市當中，他一直在趕路、擠在車隊當中、生命一直耗在塞車裡，那種煩躁、心情上的焦慮感你絕對可以瞭解。等到周休二日了，他停不下來，可能會急著一直跟自己的配偶、孩子商量說：

「我們要到哪裡去？我們今天可不可以出去玩？」

可是玩也玩得很匆忙，然後可能又是一肚子氣。在這個時候我就會覺得，也許「悠閒」兩個字變成非常值得我們去重新反省的一個美學品質。

我們不要忘記「悠閒」這兩個漢字，「悠」的底下是指心靈的狀況、是一個跟自己心靈的對話過程。《詩經》說「悠悠我心」，意思是你走出去的時候，感覺到心靈跟所有外在的空間是有感覺的，如果速度快到對外在環境沒有感覺，就不是「悠悠我心」了。「悠悠」也有慢下來的意思，因為慢，你才會有心靈的感受。

「閒」這個字更明顯，你有多久沒有靠在門框上看月亮了？這個字就是「門」中間一個月亮。或者另外一種寫法，「門」當中有一個木，也是「閑」，你多久沒有在你家門口的那棵大樹底下靠著、走一走路、乘涼，覺得樹蔭很美？

「悠閒」兩個字都在提醒我們，不一定要跑得很遠，可能就在你家門口就能有所感受，但重要的是心境上的悠閒。悠閒，是先把自己心靈上的急躁感、焦慮感，能夠轉換成比較緩慢的節奏。

這兩點困難，一個是外在客觀的環境、一個是內在心靈的節奏，當然必須同步配合才能解決。所以我們也發現西方在最近的二、三十年，一直在做工業革命以後城市速度的反省。阿姆斯特丹、巴黎、倫敦這些城市開始慢慢意識到由於職場的要求、高科技的發展，都市人一直在追求速度的快速感。結果大家精神上的疾病越來越多：焦慮症、憂鬱症、失眠症，大家過去很少聽到各種奇奇怪怪精神上的疾病開始出現了。那種生命易怒、暴躁、一觸即發的緊張，都可能來自於日常生活當中不斷加快的速度，最後失去了平衡的能力跟緩慢下來的能力。

我想大家都有經驗，如果在開車當中速度快到某一個程度再忽然緊急煞車的話，就一定要出事的，因為速度本身的緩慢也要有個過程。

我坐朋友的車出去，常會觀察他們如何控制煞車。

有些人個性非常穩定，你在不自覺時車就停下來了，他遠遠看到可能綠

燈要變黃燈、黃燈要變紅燈的時候，腳已經在穩穩地準備踩下煞車；你會覺得這樣的朋友給你信任感，也相信他在職場上處理事情的時候，也是穩定的。

可是有些朋友看到了黃燈，他腦海裡就下一個指令：「我趕快衝！」但到時候衝不過去就來一個緊急煞車，車上的人身體就整個往前面帶，這類朋友若要開車載我，後來我就敬謝不敏。我相信這裡面存在著信任，我希望把自己交付給一個個性穩定的人，而不是在一部常常會失控的車子上。

我想大家可以瞭解到我所談的速度，重點不在於快跟慢，而是自己能夠百分之百掌控的穩定感，不是失控狀態。如果不是自己在控制速度，而是被速度帶著走，最後你就會失控。

現在阿姆斯特丹、巴黎、倫敦、東京，陸續出現很多社區不准汽車開入，被稱做「人行步道區」，台灣一些比較進步的城市也開始設置了人行步道區。人行步道區中特別鼓勵大家放棄開車，下來走走路。我相信這是一個新的行的美學，讓你重新回到人類步行的原點，恢復身體的速度感，讓行的美學重新產生。

自我選擇權

在我們把自己行動的速度放慢之後，會有不同的感受從心底生出來。你有沒有想過，當車子開得飛快在高速公路上筆直地從A點抵達B點時，當中錯過了生命中多少豐富的事物。

我常常跟很多朋友說，其實人的一生最長的A點到B點，就是從誕生到死亡。

如果從誕生到死亡是一條筆直的高速公路，那麼我寧可慢慢地通過，或者甚至放棄高速公路，我去走省道或迂迴的山路，這樣是不是可以看到更多的風景？我的生命可以拉到更長的距離。

不知道這樣講合不合邏輯，就是A點到B點是一個最快的距離，也是最快的速度，我們以為大家一定得選擇這條路，可是其實並不一定，在每一個過程當中，都有你生命應該停下來瀏覽、欣賞、感受的事物。

我提過好幾次古代東方有一種建築非常重要，就是亭子的「亭」。

我們遊山玩水時會忽然發現某一個山頭上出現了一個亭子，在台灣，常會運用不同的材料蓋出來，其實我不在意蓋得好看與否，但認為至少那是一個很重要的提醒：就是你應該要停下來了。我們不要忘記，亭子就是讓你停下來的地方，叫你不要匆匆趕路，你用生命趕路其實是不值得的，因為生命應該停下來做很多的觀賞、體會很多的感受，留出一些跟自己對話的空間。所以我覺得東方的亭子建築，其實涵蘊非常深刻的哲學意義。

在爬山的過程裡，我們也知道不可能一口氣就登上峰頂。我常常向朋友提到一本很喜歡的書和電影《長跑者的寂寞》（*The Loneliness of the Long Distance Runner*）。

這本書的作者西利托（Alan Sillitoe）是一位世界有名的長跑健將，他在書中將自己長跑中的感受分享出來。他認為長跑跟短跑絕對不一樣，短跑需要爆發力跟衝刺力，但是長跑就要儲蓄你的生命力量，才能跑得長久撐到終點。

我想人生就像馬拉松賽跑，如果衝得很快大概很快就完蛋了，根本跑不到終點。我們看到許多身邊的朋友、社會知名的人士跑不到生命的終點，在他生命很快結束的時刻，我們會有這麼多的遺憾、對他的哀悼和惋惜，覺得如果他們放慢了步調，其實可以創造出更多生命不同的意義跟豐富的價值。

行的速度，其實是工業革命以後我們人類面臨到的一個巨大美學課題，就是行動速度本身跟生命之間有這麼多互動的關係，只是我們沒有明顯地意識到罷了。

所以先進的工業革命國家才會在城市裡特別設計出人行步道，來提醒我們、鼓勵我們，或者建議我們：你可以有車子，可是你也可以不開車子。我想這裡又回到我們剛剛提到的美學基本規則——你有，而你可以不用，才是美。

很多有車的朋友跟我提到開車問題，那付愁眉苦臉的表情讓我覺得怎麼車子變成負擔了！它應該是一個方便代步的工具，結果反而變成負擔。我想食物也好、衣服也好、房子也好、車子也好，我們看到食、衣、住、行這四樣當中任何一個東西變成你的負擔，其實都違反了美學的規則。

我們不要變成物質的奴隸。譬如我可以吃的多，可是我也可以吃的少。我有很多機會去吃駝峰、熊掌這種奇怪的食物，可是我也可以選擇去吃山蘇剛剛冒出來的嫩芽，或者春天剛剛發出來的春筍。那些不是昂貴的食物，但讓我品嘗到生命裡面輕淡的滋味，這才是美。

現在西方先進社會除了人行步道區的規劃外，在巴黎、阿姆斯特丹等地，還特別為騎腳踏車人士規劃出專用道，連紅綠燈號的使用也優先於汽車駕駛。看到這樣的設計我心裡有很大的感動，也盼望我們的城市應該儘快效法，那麼這個不斷地往前衝、只追求速度快感的社會，才可能有一個緩慢下來的心情，可以尋找到自己生命的美的感受。

心靈放慢

在討論到食、衣、住、行美學的時候，我們希望自己的生活基本上都有緩慢下來的可能，緩慢，恐怕是建立生活美學品質的第一步。

也許有朋友會反問，在這樣一個越來越匆忙的工商業社會，每天忙著上班、忙著所有繁雜的事務，我怎麼可能緩慢？

我一直覺得緩慢本身，要架構在「心情」上面。漢字裡面有一個非常重要的字，它的結構很有意思，就是「忙」這個字，心字邊一個死亡的亡。因為你太忙，可能心靈的感受全部停止、全部沒有了。我們明明創造了一個漢字，告訴你「忙」就是心靈死亡的開始，所以如何讓自己的心境悠閒就變得十分重要。

可是我們在現實生活當中，往往不太能夠反省。不知道大家有沒有發現，我們每一年都在拓寬馬路，可是還覺得不夠。島上一條高速公路不夠，再建第二條高速公路還是不夠……。

大家能不能做點逆勢的思考：

我們的確需要這麼快的速度嗎？

我們要到哪裡去？

這種哲學性的詢問是希望讓大家深思，我們應該一直滿足或者繼續加快所有人速度的快感嗎？

如果有一天一個島嶼上有十條高速公路，我們還剩下哪些好的環境？

不要忘記多開了一條高速公路，我們的山林、海邊、所有的自然都會被破壞，我們要繼續開闢這些高速公路下去嗎？有沒有其他的可能？

巴黎是我熟悉的城市，當我自己在那兒讀書時居民就一直在增加，到現在幾乎有兩千萬人了。巴黎的交通網當然也隨著人口的增加而不斷開發，所以美麗的塞納河邊全部建成環河的快速道路。大家每天上下班，進出巴黎，都經過塞納河邊。英國的黛安娜王妃出車禍的地方，就是塞納河邊的快速道路。

二〇〇二年時，我看到塞納河邊發生了很有趣的改變。有一個很大的招牌豎立著，上面寫著法文Plage，意思就是靠近水邊的河灘或海灘。

原來巴黎新選出的市長戴蘭諾異想天開，他想到以前塞納河邊是大家洗衣服、聊天、散步，遊玩的地方，曾幾何時美麗的河邊變成人開著車子呼嘯而過的高速公路。他就決定每一年的七月十四日法國國慶之後到八月十五日一個月間，進行一項沙灘計畫。

市政府封閉塞納河環河快速道路，運來沙子鋪滿柏油馬路，再搬來大概有三公尺高的棕櫚樹盆景，將河旁邊布置成沙灘。市政府還準備了上千張躺椅，邀請所有巴黎的市民穿著泳裝來曬太陽！旁邊還有臨時接好的活動廁所以及淋浴設備，準備得很周到。

我當時簡直不敢相信這個計畫會成功，我覺得一個市長怎麼可能會有興致安排一場環河道路的嘉年華會？

譬如說，台北市的環河快速道路如果封起來，鋪了沙，移來很多盆杜鵑，擺放很多椅子，我躺在上面曬太陽，會是一個什麼樣的景象？

可不可能有一天從林口到台北交流道的一段會封閉起來，變成一場行為藝術，很多人躺在那邊曬太陽，那又會是什麼樣的畫面？

當時半信半疑的我卻看到這個計畫成功了！巴黎人放棄開車，他們用步行的方法走在這個沙灘上，帶著寵物在那邊瀏覽、散步，很多人換上泳裝在躺椅上曬太陽、抹防曬油，然後淋浴，甚至在那個沙灘上打排球。

我拍了好多張照片帶回來給朋友們看，我問朋友們，你們可以想像一個城市的高速公路變成這樣的景象嗎？

一個城市的夢想竟然實現了！

這個計畫第二年再度舉辦，二〇〇三年的夏天我又跑去，看到這個計畫比前一年更成功，很多的廠商贊助活動，更多的躺椅鼓勵更多的人在這裡休閒、休憩。我不知道大家會不會感覺到，這是一個「慢下來」的鼓勵，告訴你這條路是巴黎河邊最美麗的一條路，我們應該慢下來去經驗它的美麗，而不是快速的經過。後來我和現場的朋友聊聊，很多人是巴黎的上班族，原本每天上下班都開著車子經過這條環快。他們很高興可以在塞納河邊散步，躺在椅子上曬太陽，看到美麗的橋樑在河水裡的倒影，他們過去從來不認為居住的城市是這般美好。

我在想，這樣的夢想可不可能在我們的城市裡實現？有一天我們上班的那條路會鋪滿了沙、上面移來很多美麗的花、擺了多張躺椅，大家可以在那邊曬太陽。

也許我在談一個夢想，可是我親眼看到在另外一個國家，這個夢想在現實裡完全實現了！

食衣住行在任何一個民族、任何一個國家、任何一個社會，都是跟人民的生活最息息相關的部分。我們希望所有的美能落實在生活當中，才會比較具體，不會空洞。

如果一個社會貧窮到沒有什麼東西吃、沒有什麼衣服穿的狀況，其實也無從談起美學這件奢侈的事。中國古代一直認為「倉廩實而知禮義」，倉廩就是倉庫，儲藏糧食的倉庫很充實，人民吃得飽了，才會開始遵守禮義教化。可見在我們肚子很餓的狀況裡是沒有辦法談美的，因為生存最重要。所以我們基本上認為溫飽是美學的基礎，在社會食衣住行的基本物質條件解決後，再在精神層面上做更多一點的祝福，希望這個社會能夠富而美。

雖然說富有之後才有美的可能，但是我們並不見得這麼盲目的樂觀，因為富有帶來的不一定是美。

之前提過有人可以大吃大喝到讓自己不舒服，生各種的病。在強調吃到飽的社會，是因為物質太過多了，沒有節制，所以也不是美。人們必須富有後才有很多的選擇，而在選擇當中自己能不能節制？

現在我面前如果有十道菜，我知道自己胃的容量，這十道菜對我來說太多。所以我知道如何選擇其中我要吃的東西，品嚐到愉快的味覺經驗，也可以吃飽。

可是選擇是慢慢培養、教育出來的，在沒有這個好的教養之前，我們真地無從選擇起。

像吃到飽的文化或辦桌時大吃大喝的場面，其實都會帶來味覺的傷害或者身體的傷害。現在也有許多孩子身體提早發生問題，或有心血管疾病、各種官能症等，其實跟食物的不節制可能也有關係。

我很眷戀我的舊鞋，因為剛買來的鞋子總是有點磨腳，慢慢穿了幾個月以後才會覺得舒服，一年以後覺得更合腳了。如果現在有人強調要追求時髦，不斷地換新鞋，其實會讓自己的身體很不舒服。

所以我一直覺得服裝也有它的記憶在裡面，除了質料上的溫暖外，還夾雜著一種人性的溫暖。我會保留母親手工幫我織成的毛衣，永遠珍惜這件衣服；一件朋友送給我的白襯衫，我有時候捨不得用洗衣機洗，我會用手去慢慢地搓掉領子上的一些污垢，保護這塊對我來說非常溫暖的棉布，因為朋友的情誼正在其中。

我相信物質永遠不會變成真正美的東西，物質會變美，是因為人給出很多的情感，就是你真正很細心去烹調的那一道菜、你很精心地去洗出來的一件襯衫，你付出的愛使物質變美了。

今天很多人的家裡都充滿了各種加快速度的機器。我們希望更快，所以有洗碗機、洗衣機、微波爐、烤箱、冰箱，利用家庭各種用具來代替過去傳統生活裡緩慢的生活。無可厚非，我也是如此，我也買了很多這種機器。就像我有洗衣機，可以把洗澡用的大毛巾、粗牛仔褲丟進去洗；可是我發現我最喜歡的那件襯衫，我是用冷洗精泡著、加一點薰衣草香精，然後我用手慢慢去搓揉它，我會覺得那件衣服對我來說已經不只是物質，而有另外一層情感在裡面。

我想特別強調，快不一定是美，有時候慢下來才是美。

一個緩慢的心情，一種跟物質緩慢接觸的情感，才有可能變成我們自己重新在生活中找回美的一種態度。

慌亂造成不美

我們提過，美是一種選擇，美是一種節制，美有時候並不一定是多，美其實反而是少，或者放棄。

講到放棄，我的意思並不是要去對抗現代的物質或者科技文明。

其實我對現代科技產品充滿好奇，在還不是很會使用電腦的時候，我已經買了三台電腦，就是單純覺得電腦的造型太可愛了，設計得這麼漂亮。我會買一個PDA擺在家裡把玩很久，最近又添了一個iPod。我覺得機器帶來很多方便，例如過去錄音機能收錄的歌曲不多，可是一個iPod容量是20GB，也許能放一萬首歌在其中。可是同時我希望要談的是，我覺得我的快樂跟幸福在於：即使我在iPod裡面錄了一萬首歌，可是我知道我最喜歡的有哪幾首。很有趣的是，我也發現自己常常聽的就是那幾首在我生命裡面有複雜記憶的歌曲，可能是媽媽教我的一首兒歌、可能是我在讀中學時學的第一首英文歌、或者我高中時跟朋友出去玩常聽的披頭四的歌、或者我在法國所聽到台灣南聲社的南管，就是那些在我生命裡有非常深刻記憶的歌曲，我會常常找出來重複聆聽。

所以我還是要強調，美應該有很多選擇，可是到最後，美是一個我們自己非常清楚確定的選擇，不會是多到無從選擇的狀態。

一個人面對很多的物質無從選擇時，就會產生慌亂狀態，而慌亂的狀態剛好構成不美的現象。

回到生活面來，我當然擁有微波爐，如果工作很忙的時候，我會用它來加熱食物，可以一分鐘就把一份食物熱好了，非常地方便。可是如果周休二日我兩天不出門待在家裡，那我為什麼還要使用微波爐？

我有一個鐵胎陶鍋，用它燉出來的菜永遠比微波爐食物好吃，因為它適合用小火慢慢去燉煮食物，這個時候我就需要時間了。對我來說，用陶鍋燉煮出來的成品就像是一個藝術品一樣。

有人認為因為工作忙碌，生活貧乏單調，所以想去學畫、學音樂來調劑性情；可是我對他們這類人的建議是不同的，我覺得好好為自己做一盤菜，其實跟畫畫一樣能讓自我得到紓解。

你買來一個最嫩的嫩薑，刀子切下時你完全可以感覺到薑的香味，那種新鮮釋放出來的香味；你用刀子把薑切成薄片，然後再切成細細的薑絲，用醋浸泡後，能夠拿來配合很多的料理。這樣手工處理的食物，跟微波爐做出來的食物當然有所不同。

可能在生活的繁忙過程裡，速食是不可避免的一個現象。可是不要忘記，慢下來，你可能重新找回美、重新找回了自己。

我也常跟朋友說，人生從誕生到死亡如果是一條高速公路，那麼我寧可另闢蹊徑。人生只有一次，我為何要那麼快開完全部的路程？我覺得可以慢慢地走，每一段過程、每一分、每一秒，都可以停下來做一點觀看、做一點欣賞。

人生，應是可以隨時停下來緩慢行走的一條路，而不是一條快速的高速公路。

隨時準備煞車

我們在生活美學談到行，談到速度。從最古老的人類步行開始，談到坐轎子、坐牛車，以及坐船、坐汽車、火車。工業革命以後才發明的交通工具，速度快很多，可是時間卻很晚，相對於人類上千年甚至上萬年的步行記憶，車子的發展可能才一、兩百年而已。所以我們的速度是呈倍速在增加，這種倍速增加的速度使我們有一點煞不住車了。

我常常提醒朋友們，你的速度越來越快，如果一旦需要煞車的時候，緊急煞車是會出事的。

你該如何讓自己有一隻腳永遠踩在煞車上，讓自己的速度同時可以加快油門，同時可以放慢速度。今天大部分人都希望上車以後可以只踩油門，不必煞車。可是不要忘記，人生需要煞車，人生需要不斷準備煞車，才能維持一個穩定的方向。我們知道加快油門是加快速度，煞車的準備是讓自己可以停下來。

最美好的生命，不是一個速度不斷加快的生命，而是速度在加快跟緩慢之間有平衡感的生命。

我們不斷地提到平衡，希望大家吃得平衡、穿得平衡、住得平衡，最後還是回到行，在速度上也能夠平衡。我們提到的不只是交通工具這類比較容易理解的速度感問題，我還想談談電訊系統。電話、手機的發展歷史都不長，可能十年前大家看到那種大金剛式手機，還覺得非常好笑，可是今天一個人也許有兩、三支手機了。年輕人還在手機裡傳簡訊、上網，隨著手機使用的速度增快，我們的人際關係也整個被改變。

我自己現在也擁有兩個手機，然而有時候我會想什麼時候我可以關掉手機，決定一段時間不要用手機了。其實有一段時間我在大學裡教書，我就覺得沒有辦法教下去了，因為所有的學生在課堂裡都在接手機、看簡訊，所以這時我們會思考到：這種速度的加快所帶來的是幸福嗎？還是其實是一個新的迷思？

我們也有電腦了，每天我在電腦裡存入三千字左右的文字來紀錄自己的生活，現在上網購買飛機票、火車票也非常容易，用電腦找資料也非常快速，我太感謝這樣的現代科技產品。

可是同時，我也必須讓另外一隻腳踩在煞車上，知道我自己每天上網花去多少時間。我當然跟所有年輕人一樣，有一段時間迷失在網路世界裡，每天八個小時、十個小時，甚至十二個小時都在網路上，覺得快樂的不得了。可是有一天我有一個學生發生視網膜剝離這麼嚴重的問題，醫生限定他每天上網不能超過五小時，他卻停不下來，導致整個身體出了問題。

我也知道有人每天帶著耳機聽音樂，最後造成嚴重的聽障。因為感官是有極限的，如果不斷地刺激同一個感官，只會變成遞減效果，最後變成麻木。

所以在行的部分最後的美學規則，其實是踩煞車，永遠要做踩煞車的準備。

在你加快油門之間，另外一隻腳不要忘記準備踩煞車，於是生活會在進跟退之間取得平衡。有一個成語叫做「進退失據」，進也不是，退也不是，已經失去了平衡、失去了依靠的狀態，我覺得現代人可能常常在這樣的狀態裡。所有現代科技讓我們更快速地跟人溝通，可是有一種心靈的溝通卻在這麼快速大量的狀況裡迷失，反而找不到了知己。

有時候看到很多人在網路上的迷失，透露出個人的荒涼感跟孤獨感。我在想，之所以發明電話、傳真機、手機，不就是為了讓人更容易溝通嗎？怎麼結果卻適得其反。

有一次我和一些學生到山裡去看螢火蟲。螢火蟲在黑暗中放出有頻率的光，閃一下、閃一下、亮起來，這是它們正在求偶的訊號。我們坐在沒有一絲光線的黑暗當中看到螢火蟲的訊號，其實非常感動，就覺得連動物、連昆蟲都在溝通，都在告訴別人說：

「我在這裡，我需要一個朋友，我需要一個配偶。」

就在這個時候，我忽然看到那位手機沒有關掉的學生，他手機上面發出的亮光竟然和螢火蟲的閃光這麼像，隔幾秒鐘閃一下，隔幾秒鐘閃一下。我忽然感覺到一種人的孤獨，就是手機的功能是人際的溝通，可是它真地幫助你與他人溝通了嗎？我想最後溝通的關鍵，還是和內容有關。

我經常接到簡訊，往往是由一個學生同時發到很多人的手機中。我在網路上打好一封信，可以同時 Email 給好多人；再把通訊錄設計一個程式，就可以將這封信發給一、兩千個人，我自己現在就收到很多這樣的信。也有許多朋友反映說現在好多垃圾郵件，所以在電腦上收信時，第一個動作就是 Delete，一直刪除一直刪除，甚至得封鎖某些地址。

這個時候你會感覺到量的擴大、時間的加速，卻反而失去了人跟人真正可以溝通的可能性。

所以有沒有可能我們也在網路上踩一下煞車，就是這項科技文明帶來的應該不只是方便，還要有更深的內容。有沒有一封 Email 會讓我們真正靜下來，看久一點，看完以後甚至把它列印出來，覺得好久沒有看到這麼美的一封信了。如果我們在看 Email 時一直在刪信狀態，就表示人與人之間的溝通無法真正留下長久的印記。

來日方長

生活美學在行的部分最後一個單元，我們談談人自己身體的速度。

自古以來人們一直渴望自己的速度越來越快，所以古老的神話裡有嫦娥奔月、哪吒踩在風火輪上，都是幻想出來的速度。可是今天人類真地登上月球了、現在的汽車、火車、飛機這種快速度的交通工具，大概比哪吒的風火輪速度還快得多。我們發現人類過去對速度的幻想，今天都成真了。美夢成真，當然帶來了幸福感，可是不要忘記，人類的為難在於得到幸福感的同時，也會有失落感。

我常常在想：人最幸福的時刻，會不會是在夢想還沒有達成之前，對夢想還充滿了希望的時刻？

我發現好多朋友在夢想完成之後，隨之而來的是很大的破滅跟失落。

一位醫學上的朋友告訴我，有一種病叫「產後憂鬱症」，女性在懷孕過程中產生很大的喜悅，因為她的身體裡面醞育著一個新生命，但在生產後會覺得身體裡面忽然掏空了而有失落感，這就是「產後憂鬱症」。我

覺得自己好像也經歷過「產後憂鬱症」，當然絕不是經由懷胎或者孕婦的生命經驗，而是我在每一次渴望著，尤其是過度激情渴望著一個事件發生的時候，當事情真如預期中發生後，失落的、破滅的荒涼感卻也隨之襲來。我相信今天在人類科技發展過程當中，這種情況也是如此。

談到告別，大家可能看過〈鐵達尼號〉這類的電影，岸上的人向船上的人告別，牽上好長好長一條紙線，隨著船越來越遠，紙線斷掉了。我不知道大家會不會覺得那種方式好像是比較溫暖或人性的告別？現在我常常覺得我們的生活裡因為速度太快，已經匆忙到沒有告別可言了。

古代詩人在和朋友告別時，會折下柳條送給朋友，勸對方再喝一杯酒吧，說你從這裡往西邊出了陽關，就沒有親人了。〈陽關三疊〉是一首告別的詩，這樣的詩情今天還會存在嗎？

我們每一次在捷運站跟朋友的告別、在火車月台跟朋友的告別、在機場跟朋友的告別，好像都變成匆匆忙忙，而沒有心情上的連結。

行進的速度快到最後，我們覺得沒有什麼事情是長久的，所以我最近常常喜歡寫四個字送給很多的朋友，就是古老的一個成語「來日方長」。

我覺得這個成語裡面蘊涵許多的祝福在其中，因為感覺到後面還有很長的日子，所以速度可以慢下來，可以慢慢去感覺自己的生命，而不用覺得好像已經急迫、焦慮、慌張到沒有未來了。

一位朋友帶我坐上他新買的跑車去兜風，告訴我速度感的快樂，我絕對可以理解他的快樂，可是不要忘記，速度的快有快感，速度的慢有另外一種幸福，這兩種截然不同。

在我們生命裡都可以去經驗到這兩種快樂，就是你自己決定一個禮拜的七天裡，哪幾天你要快，哪幾天你要慢，這是我們自己可以選擇的；所以我們又回到了一個主題，就是選擇，有選擇的可能，才是美的。

你自己可以決定將車子開到多快，趕去某個地方把事情辦完——可是你也可以哪一天放棄開車，決定走路。現今發展成熟的都市會規劃出人行步道，在巴黎、倫敦、紐約、東京，我們看到那麼寬敞的人行步道，鼓勵大家放棄開車、慢下來、走走路。

我也跟大家介紹過巴黎連續兩年的「沙灘計畫」，將塞納河旁邊的高速公路全部鋪上沙子，讓大家躺下來曬太陽。如果有一天，我們也可以把林口泰山那一段的高速公路封閉一個月，全部鋪上沙，讓大家曬曬太陽……我想很多人都會覺得這是一個不可能的夢想，可是也許它會變成台灣另外一個節日吧！慢下來的節日！可以讓我們用另外一種速度，去感覺外面的空間和領域。

另外，為了溝通速度的方便，我家裡有一支電話，可是我覺得僅僅一支電話不夠用，於是又加裝一個可以留言跟傳真的傳真機。我同時又有兩個手機，然後還有很多以Email通訊的方式。但是我會回過頭來問我自己：雖然有這麼多的方法可以和人溝通，但到底朋友當中有沒有三、五個人是我的知己，在我最憂傷的時候我可以跟他談話；在我最孤獨的時候，我願意把心事告訴他。這個時候我會發現，我要的不是速度的快，反而可能是速度的慢。

在生活美學最後的結語，我還是希望大家不要忘記「忙」這個漢字：一邊是心，一邊是死亡。當心死亡的時候，就是在忙碌的狀態！

可是，忙，是心情的一種感覺，我們可以練習在任何速度加快的狀態裡，都不要讓自己覺得忙碌。所以我也才會強調應該一隻腳踩著油門，另外一隻腳永遠準備煞車，這樣你才會有一個平衡，你才有停下來愛生命、欣賞生命的可能。

國家圖書館預行編目資料

天地有大美：蔣勳和你談生活美學 / 蔣勳著，
楊雅棠攝影. --二版，--臺北市；遠流，
--2008.11
面；　公分，--（綠蠹魚叢書；YLG92）
ISBN 978-957-32-6401-9（平裝）
1.生活美學

180　　97021236

綠蠹魚叢書 YLG92

天地有大美

蔣勳和你談生活美學

作者：蔣勳
文稿整理：楊豫馨
策劃：綠蠹魚編選小組
主編：林皎宏・楊豫馨
攝影：楊雅棠
美術設計：雅堂設計工作室

發行人：王榮文
出版發行：遠流出版事業股份有限公司
地址：台北市 100 南昌路二段 81 號 6 樓
電話：（02）2392-6899　傳真：（02）2392-6658
郵撥：0189456-1

著作權顧問：蕭雄淋律師
2005 年 12 月 1 日 初版一刷
2021 年 3 月 10 日 二版十三刷
售價◎新台幣 350 元（缺頁或破損的書，請寄回更換）

ISBN 978-957-32-6401-9
遠流博識網 http: // www.ylib.com
E-mail: ylib@ylib.com